ほめ方&叱り方

How to Give Positive and Constructive Feedback

本間正人

幻冬舎

はじめに

「厳しく叱ったら、泣いてしまった」
「やさしく叱ってみたものの、まるで効果がない」
「ほめたら、相手が勘違いして調子に乗ってしまった」

職場で部下を指導・育成しながら、こんな悩みを抱えている方は、たくさんいらっしゃると思います。

本書では、そんな方のために、ほめたり、叱ったり、より良いコミュニケーションをとるためのヒントをご紹介します。

「よく観察して」ほめる＆叱る

ほめ上手、叱り上手の人に共通しているのは、「観察力」に優れている点。

客観的に相手の仕事ぶりやバックグラウンドを観察し、長所や成長などの、ちょっとした変化を見逃しません。そして、「どこを認めてもらえるとうれ

しいのか」「どう伝えられると行動が改善できるのか」、相手の立場に立って見極めたうえで、ほめたり叱ったりしているのです。

上手にほめる、叱るためには、この観察力が最も重要です。

観察力が足りないとうまく伝わらない

Part1のチェックテストで「観察力」を採点！
ちょっといいかい？
新しく入ったAさんどう？
まあまあじゃないですか
そーですね…
まぁまぁか…
仕事ぶりはふつうですね
顔は俺のタイプなんすけど…内緒ですよー
俺のことチラチラ見てるんですけど
惚れられちゃってますかね～
はっはっは
お前に聞いたのが間違いだったよ…

「いろいろな方法で」ほめる＆叱る

もうひとつ大事なことは、指導スタイルのバリエーションです。

みなさん、過去にほめられた体験、叱られた体験を振り返ってみてください。周りの人の体験を聞いてみても良いでしょう。

「厳しく叱責されて大ショックだったけれど、あれで奮起できた」「寡黙な上司の『よくやったな』のつぶやきが、一番うれしかった」「ほめられて伸びた」「怒鳴られて改心した」「ぼやかれて成長した」など、人それぞれでしょう。

どんな指導スタイルが、そのとき、その相手にとって、効果があるのか、試してみないと分かりません。

だからこそ、**型にはまらず、ほめ方&叱り方のレパートリを増やしておくことが大切。**

さまざまな対応を繰り出すことで、突破口が開けるのです。

ベストな方法は一人ひとり違うもの

Part2、Part3の多彩な「ほめ方&叱り方」をチェック!
今月のお客様の情報をまとめてくださいね!
はーい!!
Aさんは何でものみこみが早いわね
カチ カチ
Bさんにはマニュアルを書いて渡す必要があるわね
エーとォ このボタンを押すんだっけ?
Cさんは時間はかかるけどちゃんと理解するわ…
あっそーだ! この表をこーして あーして できた!!

「たくさん」ほめる&叱る

「ほめる」「叱る」といったコミュニケーションは、知識をインプットするだけで、できるようになるものではありません。

「ほめたつもりが誤解を生んだ」「叱ったら嫌われた」、こうした**失敗を重ねることで、「ほめる」「叱る」力が磨かれます。失敗をおそれず、どんどんチャレンジしましょう。**

さっそく今日から実践しよう!
よくやったな初契約おめでとう!
ところで今日良かったところと改善すべきところを言ってみろ!
うーん…いくつかあるナァ
よし分かったなかなか自己分析ができてるじゃないか!
!
成長したナ!
まだまだ
ところで次の八菱物産はどう攻めようか?
今回より短期間で成約したいので…
うーむ…

上司も部下も、経験の中で学び取る

ひとつご留意いただきたいのは、「叱る」よりも「ほめる」に力を注ぐこと。車にたとえるなら、「叱る」はブレーキ、「ほめる」はアクセルのようなものです。ふだんは「ほめる」アクセルに足を置き、たまに「叱る」ブレーキを踏んで調整するくらいのバランスが、ちょうどよいと思います。

本書では、自分のほめ方、叱り方を見直すためのチェックを用意しました（Ｐａｒｔ１）。自分のほめグセ、叱りグセを自覚できれば、あとはそれに合った対策を講じるだけ。正解はひとつではありません。Ｐａｒｔ２、Ｐａｒｔ３で紹介するケーススタディを参考に、ワンパターンではなく、多様な「ほめ方」「叱り方」を試みたり、編み出したりしてください。

本書が、日々現場で奮闘しているみなさんの一助となれば幸いです。

なお、本書の上梓にあたっては、幻冬舎の鈴木恵美編集長、オフィス２０１の高野恵子さん、小川ましろさん、また、編集者の高木繁伸さん、イラストレーターの立石タツアキさんにご尽力いただきました。心から深く感謝します。

本間正人

Part1

レベルチェック
あなたのほめ方&叱り方を採点

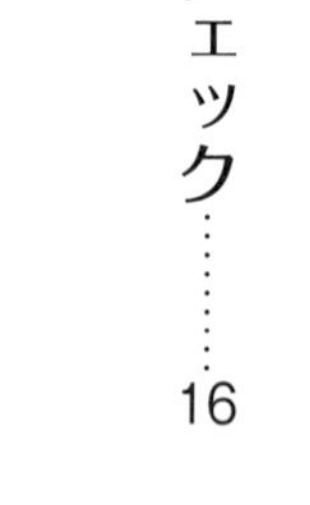

すぐに役立つ「ほめ力」強化トレーニング

すぐに役立つ「叱り力」強化トレーニング

Part2 ケーススタディ

ほめ方＆叱り方を変えて、困った相手を動かす

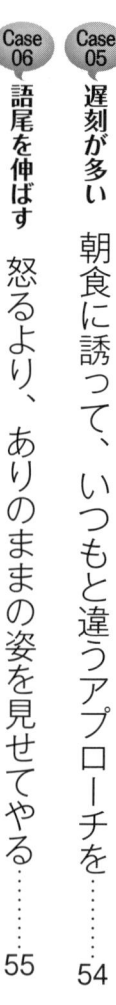

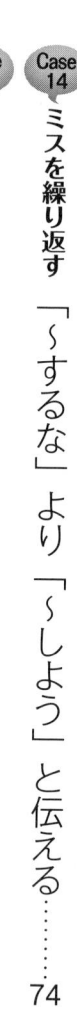

Part3

ステップアップコーチング

ほめ方&叱り方のレパートリを広げ、相手の成長を促す

モチベーションUP編

リーダー力UP編

Part 1

レベルチェック

指導のクセを見直して叱る手間を半分に！

あなたのほめ方＆叱り方を採点

円滑なコミュニケーションに欠かせない！

ほめ方チェック

ほめ上手な人への道は、今の自分の「ほめる力」を把握することから始まります。以下のチェックで、自分のほめ方を量・質・レパートリの３ポイントから振り返ってみましょう。

チェック 1 職場の人をひとり思い浮かべてください。30 個を目標に「ほめ言葉」を書き出してみましょう。

＊この部分は
チェック３で使います。

	a	b	c	d
例）伝言メモの書き方が丁寧で分かりやすい	□	□	□	□
1	□	□	□	□
2	□	□	□	□
3	□	□	□	□
4	□	□	□	□
5	□	□	□	□
6	□	□	□	□
7	□	□	□	□
8	□	□	□	□
9	□	□	□	□
10	□	□	□	□
11	□	□	□	□
12	□	□	□	□

＊この部分は
チェック３で使います。

		a	b	c	d
13		□	□	□	□
14		□	□	□	□
15		□	□	□	□
16		□	□	□	□
17		□	□	□	□
18		□	□	□	□
19		□	□	□	□
20		□	□	□	□
21		□	□	□	□
22		□	□	□	□
23		□	□	□	□
24		□	□	□	□
25		□	□	□	□
26		□	□	□	□
27		□	□	□	□
28		□	□	□	□
29		□	□	□	□
30		□	□	□	□

30個書き出せ
たかニャ？

書き出すのに
何分かかりましたか？

チェック３集計表

a	b	c	d
／個	／個	／個	／個

チェック1の結果

ほめる「量」をチェック！

ほめるベースは「観察力」。
書き出した数で観察力を点検！

0～10個
ほめ言葉不足！

ほめるところがないのは、相手を観察できていないから。チェック３を手がかりに相手の良さを探してみよう。

11～20個
さらにほめよう！

なかなかの観察力。チェック３を参考に、相手を見る角度を変えると、さらにほめどころが見つかるはず。

21～30個
よくできました！

相手のことをよく見ている観察上手。ほめている事柄に偏りがないか、チェック３で分析してみよう。

5分以内に30個書ける人は5％未満。15個書けたらなかなかです

チェック２ 「自分が言われてうれしいこと」と「相手が喜びそうなこと」。チェック１で書き出した言葉はどちらが多い？

チェック２の結果

ほめ言葉の「質」をチェック！

100回ほめても、
相手に伝わらなければ
ナンセンス

自分＜相手

Good！　どんどん伝えよう

相手目線で考えることができるタイプ。実際にほめてみて相手の反応を検証すれば、さらにほめ言葉の質が磨かれる。

自分＞相手

相手目線で考えよう

ほめることは自分を中心に考えがち。けれど、自分が言われてうれしい言葉に相手も喜ぶとはかぎらない。もっと相手を観察しよう。

チェック 3　チェック１で書き出したほめ言葉を下の４つに分類してみましょう。どれが多いですか？

＊16～17 頁の記入欄右端にあるチェックボックスや集計表を利用してください。

a 外見	b 内面（性格）	c 能力	d 結果
例）	例）	例）	例）
清潔感がある	明るい	字がきれい	成績が良い
笑顔がステキ	親切	商品知識が豊富	企画が採用された
姿勢が良い	几帳面	業務に詳しい	資格をとった
その人らしい服装	気が利く	接客が上手	商談をまとめた
元気にあいさつする	打たれ強い	調べ物が得意	トラブルを解決した
声がはきはき	責任感が強い	論理的思考力	お客様からお礼状が届いた
机の上が整理されている	ユーモアのセンス	プレゼン能力	提案が採用された
	誠実で約束を守る	話題が豊富	
		外国語が得意	

チェック３の結果

ほめ言葉の「レパートリ」をチェック！

見た目、性格、結果……。あなたの関心事が一目瞭然！

aが多い

見た目や相手に与える印象を大切にする傾向が強い。異性をほめるときはセクハラだと受け取られないように注意。

bが多い

人柄やキャラクターに興味をもつ人に多い。その人の人となりが、業務や職場でどう生かされているのか観察しよう。

cが多い

スキルや資格に目が留まりやすいタイプ。そうした能力を元に、その人がどんな結果を出しているか着目しよう。

dが多い

仕事の成果を重んじる傾向が強い。人事評価に欠かせない要素。結果を出すための努力、プロセスにも注目しよう。

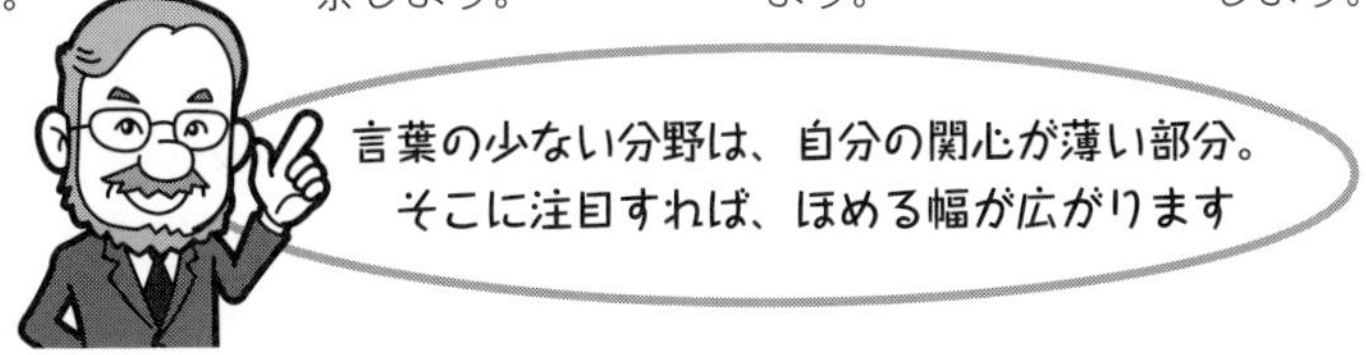
言葉の少ない分野は、自分の関心が薄い部分。
そこに注目すれば、ほめる幅が広がります

ほめ言葉をちゃんと伝える６つのルール

ほめ言葉を数多く知っているからといって、ほめ上手とはかぎりません。相手にきちんと伝わるほめ言葉には、いくつかのルールがあります。次のチェックでルールを確認していきましょう。

チェック 4 下のセリフAとBをよく読んで、それぞれ気持ちが伝わるほうを選んでください。

1

A あなたのプレゼンは世界一、いや宇宙一ですよ

B あなたのプレゼン、とてもすばらしかった

2

A この書類、いいね

B この書類、要点が分かりやすくて、丁寧だね

3

A 運が良かったね

B 君は運を引き寄せる人だね

4

A この企画書、ワクワクする出来だな！

B 半年前に出してくれた企画書、良い出来だったよね

1……**正解は B**

ルール1
事実をほめる

相手に気に入られようと媚びたり、相手を利用しようとおだてても、うまくはいかない。嘘や過度な脚色は禁物。

2……**正解は B**

ルール2
具体的にほめる

具体的にどこが良かったか伝える。相手は、「この人は自分を見守ってくれている」と実感でき、安心する。

3……**正解は B**

ルール3
相手目線の言葉でほめる

人によって「こうほめられたい」という理想は異なる。ほめられるのが嫌いな人も。相手の目線で、相手が喜ぶ表現を。

4……**正解は A**

ルール4
タイミングよくほめる

忘れた頃にほめられても、拍子抜けするだけ。相手をよく見て、成果を挙げたとき、成長したときに、すかさずほめる。

5……**正解は A**

ルール5
相手より先にほめる

ほめられたら、ほめ返す。互いに良い点を認め合うときは「先手必勝」。先にほめると、相手を立てる姿勢がより伝わる。

6……**正解は A**

ルール6
心をこめてほめる

美辞麗句を並べても、なかなか心は伝わらない。気持ちを言葉に乗せる。飾らない言葉で十分。

しつこくほめてなでられるのは、好きじゃないニャ

5

A あなたと話すと、業界の旬な動きがよく分かります

B いえいえ、私のほうこそ、あなたと話すと勉強になります

6

A ありがとう。間に合ったのは君のおかげだ

B 君の不撓《ふとう》不屈《ふくつ》の努力の結果、目標到達が可能になった

相手のやる気を十分に引き出している？

叱り方チェック

部下を叱るというと、ついガミガミと怒っている状況を想像しがちです。けれど、それは「叱る」ことではありません。以下のチェックを通じて、叱るとはどういうことなのか再確認しましょう。

チェック 1　次のセリフの中で、正しく叱れているものにチェックをつけてください。

5

仕事ぶりに対して

いつも君は
気が利かないな。
もっと空気を
読んでくれ

□

3

作業の遅れに対して

君のラインの作業
速度を速める方法
を考えてほしい

□

1

契約失敗に対して

バカヤロー！
お前、なにやって
いるんだ！

□

6

営業不振に対して

お客様が買わずに
帰られた理由を
５つ挙げてみて

□

4

営業成績について

君もそろそろ
Ｐさんみたいに
結果を出してよ

□

2

お客様からのクレームについて

またお客様を
怒らせたのか。
前と同じじゃ
ないか

□

正しく叱れている
言葉はいくつあった？

7 コピーミスに対して

ダメじゃないか！
君は本当に使えないな

□

8 不良品発生について

こんな不良品が
市場に出たら、
どうなっていたと
思う？

□

9 お客様からのクレームについて

昨日の
クレームの件、
何があったのか
聞かせてほしい

□

10 トラブル発生に対して

困ったね。
俺たちの立場は
どうなるんだ

□

11 目標未達成に対して

売上目標に
届かなかったね。
来月の課題を
一緒に考えよう

□

12 接客態度について

さっきの対応は
良くないよ。
次からは
気をつけてね

□

13 報・連・相について

次は
午前中のうちに
報告してくれよ

□

14 計算ミスに対して

なんでこんな
簡単な計算を
間違えたんだ！

□

15 書類の不備に対して

申請書に日付を
入れるのは
当たり前だろう！

□

チェック1の結果

正しく叱れているセリフ…… 5／個

それぞれのセリフに隠れた本音を見てみよう

OK
冷静に、相手のための「しかるべきビジョン」を示した叱り方。

グレーゾーン
相手や目的によっては効果的な叱り方になることも。ただし、一歩間違えるとNG。

NG
相手の反発を招いたり、やる気を失わせる叱り方。効果ゼロどころかマイナスに。

5
レッテルを貼っている
過去の失敗などから、相手をひとまとめに「気が利かない」と決めつけて非難している。
NGワード
いつも君は～だ

3
OK！
作業の遅れを改善するための具体策を考えるように促している。相手は対応しやすい。

1
感情的に怒っている
怒鳴るのは自分のストレス発散。本来はNGだが、手厚くフォローするならOKの場合も。

6
OK！
営業不振を好転させるためにどうしたらいいか、前向きな質問をしている。

4
他人と比較している
依頼に見せかけて相手を責めている。人の一面だけを取り上げて他人と比べるのは乱暴。
NGワード
○○さんみたいに

2
過去のことを蒸し返している
目の前の問題から離れ、変えようのない過去の失敗まで責めている。これは反発を招く。

腹をたてて大声を
出すのは「怒る」ニャ

7

人格を否定している

ミスを注意するのではなく、相手そのものを否定してしまっている。人格否定は厳禁！

NGワード **君は使えない**

8

質問を装って非難している

質問に見えるが、答えを求めているわけではない。相手を非難し、責めているだけ。

9

OK！

部下とお客様、どちらの肩をもつわけでもなく、冷静に事実を確認しようとしている。

10

自己中心的な愚痴をこぼしている

問題自体ではなく自らの保身だけを考えた発言。問題解決にも部下の成長にも役立たない。

11

OK！

非難ではなく事実確認をして、次の課題に前向きに取り組もうとしている。

12

否定するが、改善案は本人任せ

現状を否定するだけで、相手が次にどうしたらいいのか、具体的な提案はできていない。

13

OK！

改善点を具体的に指示して、次の成功に目が向くように話している点が良い。

14

相手を責めている

質問を装っているが、責めているだけ。相手は謝罪するか、黙るか、反発するしかない。

NGワード **なんで～したんだ！**

15

自分の意見を押しつけている

相手と自分は同じではないのに、自分の考えを一方的に押しつけてしまっている。

NGワード **当たり前だ**

チェック2　次の設問を読んで、まず「はい／いいえ」のあてはまるほうに○をつけてください。

		チェック2-①	チェック2-②
Q1	見込みのない相手は叱る必要がないと思う	はい／いいえ	（Ⅰ）
Q2	大声で叱ったほうが相手の心に響くと思う	はい／いいえ	（Ⅱ）
Q3	叱ると相手に嫌われると思う	はい／いいえ	（Ⅰ）
Q4	忙しくて、部下の仕事ぶりを観察する暇がない	はい／いいえ	（Ⅱ）
Q5	叱るとき、相手よりも自分のほうが多く話している	はい／いいえ	（Ⅱ）
Q6	叱りにくい部下がいる	はい／いいえ	（Ⅰ）
Q7	部下を叱らない主義である	はい／いいえ	（Ⅰ）
Q8	叱るとき、つい手元の書類などを見てしまう	はい／いいえ	（Ⅱ）
Q9	叱るときに自分の表情や声色を気にしたことはない	はい／いいえ	（Ⅱ）
Q10	部下が優秀で叱るところがない	はい／いいえ	（Ⅰ）

チェック2-①の結果

あなたの叱りレベルは？

「はい」に○をつけた数だけぬりつぶしてみましょう。

叱り上手！（0）
まあまあ叱り上手（3）
叱り下手（7）
超叱り下手（10）

0	1	2	3	4	5	6	7	8	9	10

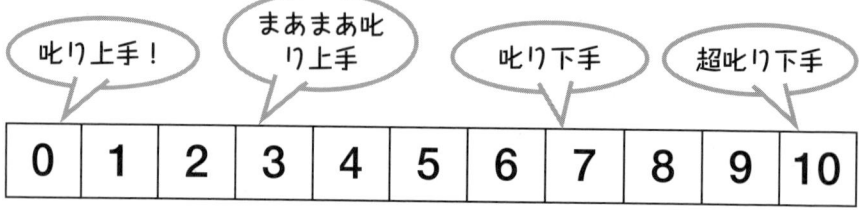

チェック2-②の結果

どんなタイプの叱り下手？

右頁で「はい」に○をつけた設問の末尾を見て、ⅠとⅡのどちらが多いか数えてみましょう。

Ⅰが多い

叱るのは苦手なタイプ

自信がなくて指導を尻込みしたり、「叱る＝人間関係の悪化」と誤解していない？　職場・相手・自分のためになる「正しい叱り方」を理解することから始めよう。

Ⅱが多い

伝わらないタイプ

遠まわしな表現や、厳しすぎる表現で、言いたいことがうまく相手に伝わっていないのかも。ストレート、かつ相手の気分を害さない表現方法を身につけたい。

上手に叱れない理由をプチ解説

Q1　「見込みなし」とあきらめて指導しないのは、管理職として仕事を放棄したことになる。相手の可能性を否定しないで。

Q2　大声で驚かせたり、萎縮させたりしているだけでは？　相手への伝わり方は、声の大小で変わるものではない。

Q3　「叱る＝怒る」だと勘違いしているのでは？　相手の成長を促す叱り方は、相手のためになるものであり、嫌われないはず。

Q4　プレイングマネージャーは忙しいものだが、それにかまけて指導を怠ることはできない。仕事の割り振りを変えたりして、なんとか時間を捻出しよう。

Q5　前のめりになっている上司に、部下がついてきていない可能性も。相手がお説教だと感じてしまうと、中身がきちんと伝わらない。

Q6　相性の問題で、相手によって叱る頻度や程度を極端に変えると、部下たちの反感を買いやすい。必要に応じて適切な指導を心がけて。

Q7　「叱らない」のと「叱れない」のは違う。あえて叱らないのだとしても、「叱る」という選択肢があれば、マネジメントの幅が広がるはず。

Q8　目を見て話したほうが、気持ちは伝わる。また、叱っているときの相手の反応を見て、ちゃんと伝わっているのか確認することも大切。

Q9　ニコニコしながら叱られても、相手は戸惑ってしまう。表情とセリフがセットになって初めて、相手に正しく伝わる。

Q10　「叱る＝怒る」ではない。超一流選手にもコーチがつくように、優秀な部下にも、さらなる成長のためには指導が必要。

自分が思うほど相手には届いていない!?

頻度＆バランスチェック

部下が 10 人いたら、10 回ほめても、ひとりあたりのほめられ回数は 1 回だけ。たくさんほめているつもりでも、相手は「ほめられていない！」と思っているかもしれません。

チェック 1　この 1 週間に職場で何回ほめて、何回叱りましたか？

ほめた回数

＿＿＿＿＿＿＿＿回

叱った回数

＿＿＿＿＿＿＿＿回

こんな人は頻度＆バランスを見直そう

ほめた回数＆叱った回数 0回

コミュニケーションが不十分。ほめられることも叱られることもないと、相手は自分が見放されたと感じるもの。長所を見つけ、ほめることからスタートしよう。

ほめた回数 ＜ 叱った回数

誰だって、叱られるよりほめられるほうがうれしいもの。ほめ言葉で元気づけ、暴走したときだけ叱り言葉で制御するくらいのバランスを目指そう。

人に聞いてみよう

周囲の人に「俺、ほめることと叱ることどっちが多い？どんな割合？」と聞きましょう。自己判断より正確です自分で行動を振り返ってみたり、周囲の人に「俺、朝昼夜でよくほめている（叱っている）時間帯ってある？」と聞いて、行動パターンをつかむ。

自分の「ほめる＆
叱る」パターンを知る
のがおすすめ

たとえばHさんの一日

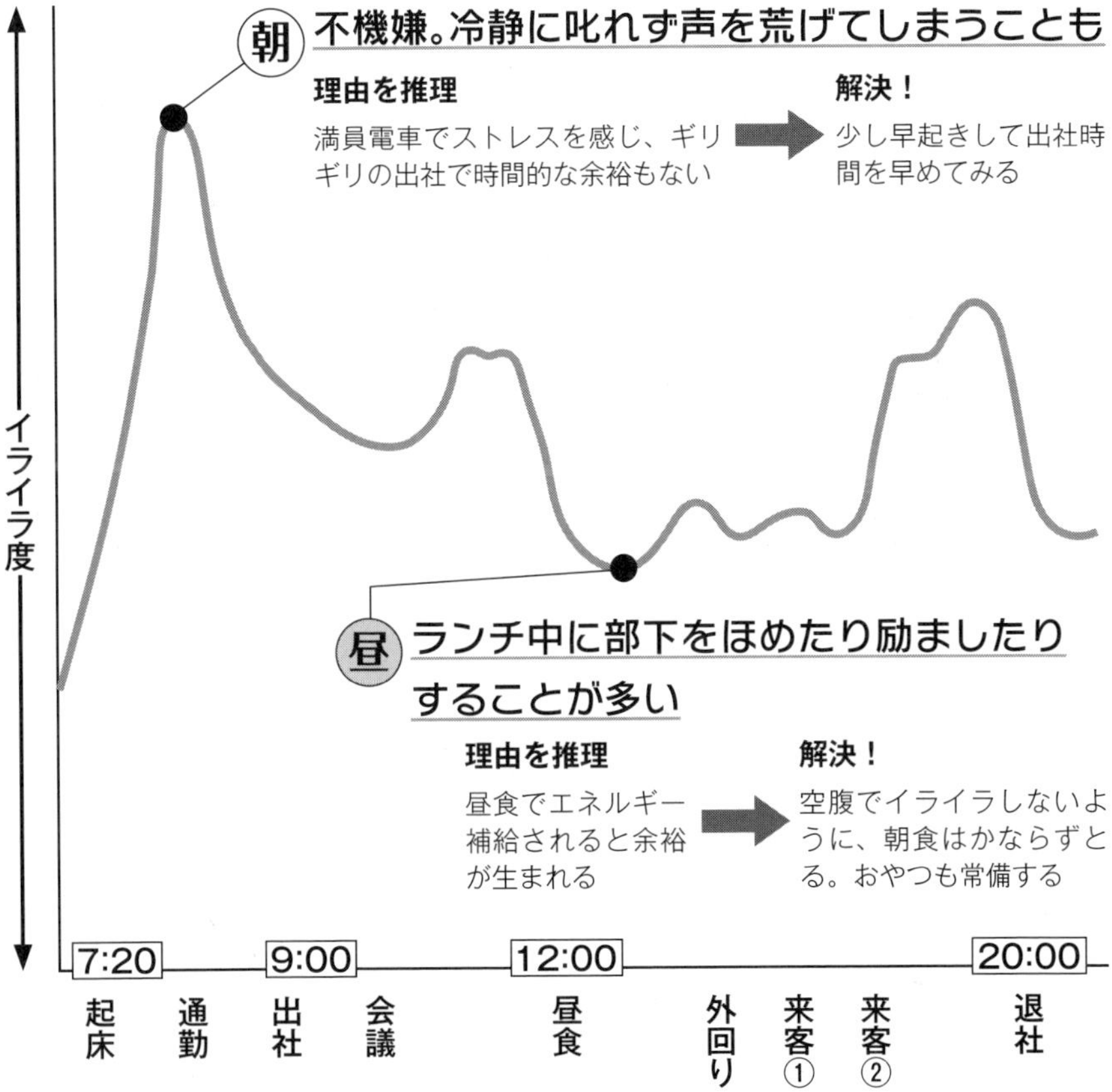
イライラ度
朝
不機嫌。冷静に叱れず声を荒げてしまうことも
理由を推理
満員電車でストレスを感じ、ギリギリの出社で時間的な余裕もない
解決！
少し早起きして出社時間を早めてみる
昼
ランチ中に部下をほめたり励ましたりすることが多い
理由を推理
昼食でエネルギー補給されると余裕が生まれる
解決！
空腹でイライラしないように、朝食はかならずとる。おやつも常備する
7:20
9:00
12:00
20:00
起床
通勤
出社
会議
昼食
外回り
来客①
来客②
退社

クセが見つかったら
対策するニャ

初対面の緊張を解き、会話のきっかけを作る

名刺をほめる

初対面の人と何を話せばいいのか分からない、沈黙が流れて気まずい――。そんなときは、まず、もらった名刺をほめることをおすすめします。

例題 次の名刺を見て、1分間に7ヵ所ほめてみましょう。

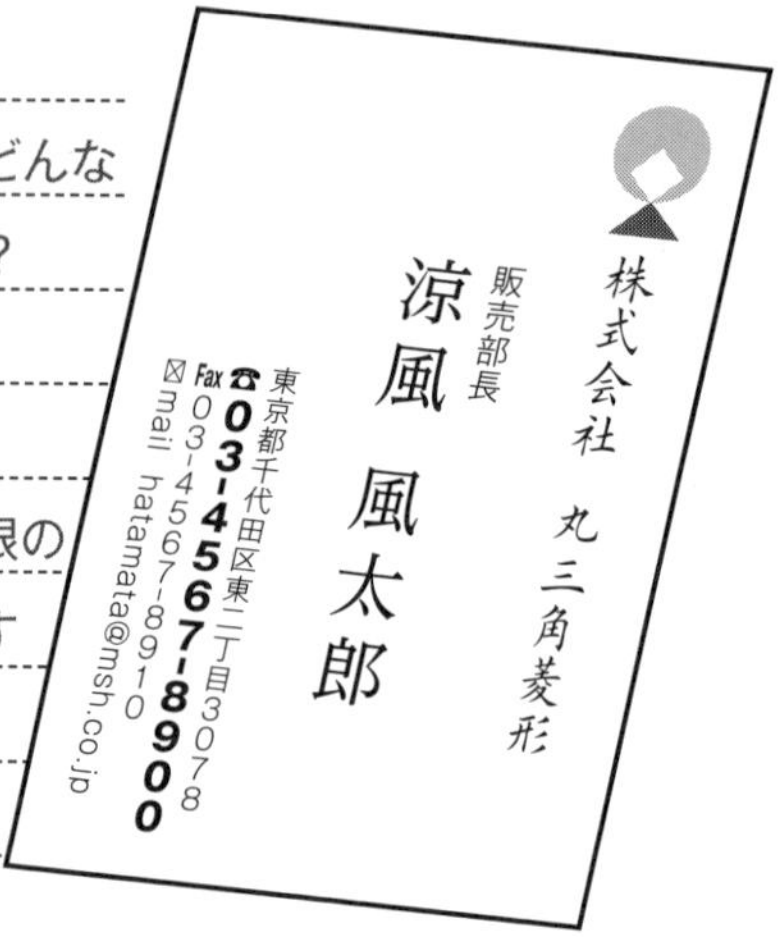

1. ロゴがかわいい
2. 印象的な社名ですが、どんな由来があるのですか？
3. グリーンの名刺なんて鮮やかで素敵ですね
4. 電話番号が大きくて老眼のわたしも見やすいです
5. 涼やかなお名前ですね！
6. 裏面の地図が分かりやすいです
7. 千代田区！　うらやましいな

ここがほめポイント!

自分なりの観察ポイントをもつと、ほめどころを見つけやすくなります

素材、形、色

光沢のある紙やすかし紙、色紙を使っていたり、紙や文字の色が特徴的。

デザイン

ロゴや写真などの特徴に注目したり、文字の読みやすさに目を向けてみる。

名前、社名、住所、肩書き

ワーク 1

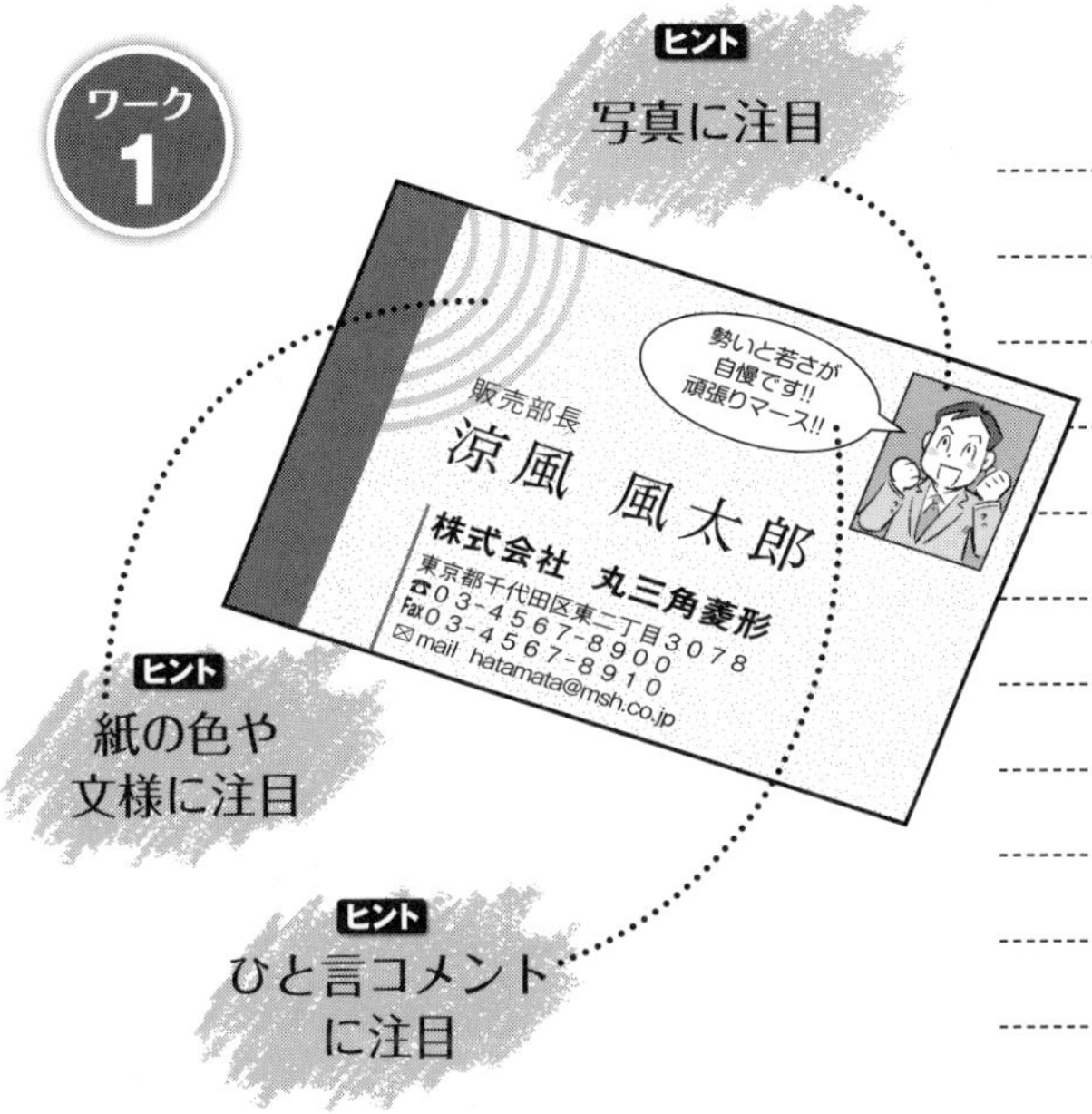
ヒント
写真に注目
勢いと若さが
自慢です!!
頑張りマース!!
販売部長
涼風 風太郎
株式会社 丸三角菱形
東京都千代田区東二丁目3078
☎03-4567-8900
Fax03-4567-8910
✉mail hatamata@msh.co.jp
ヒント
紙の色や
文様に注目
ヒント
ひと言コメント
に注目

ワーク 2

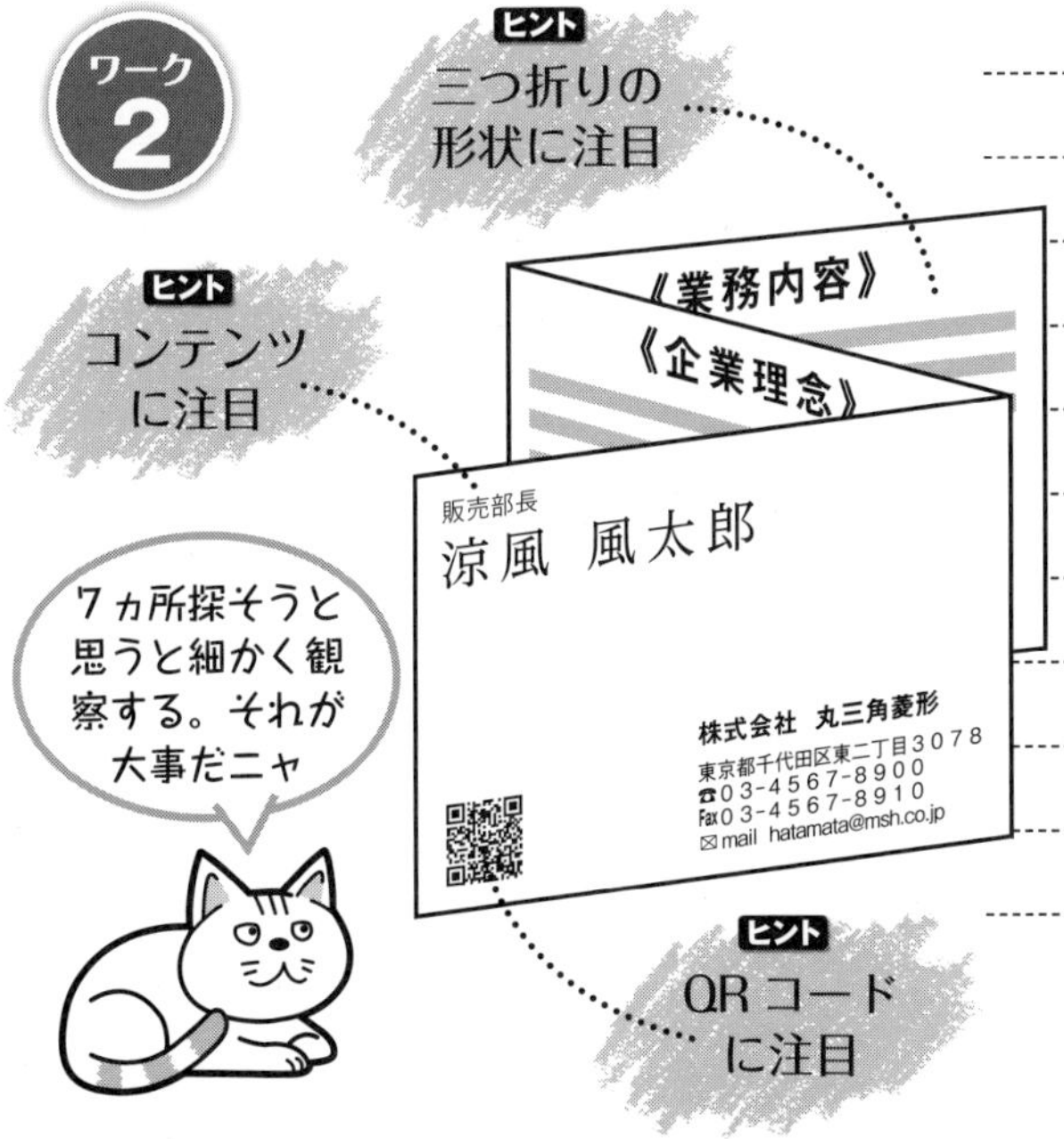
ヒント
三つ折りの
形状に注目
ヒント
コンテンツ
に注目
《業務内容》
《企業理念》
販売部長
涼風 風太郎
株式会社 丸三角菱形
東京都千代田区東二丁目3078
☎03-4567-8900
Fax03-4567-8910
✉mail hatamata@msh.co.jp
7ヵ所探そうと思うと細かく観察する。それが大事だニャ
ヒント
QRコード
に注目

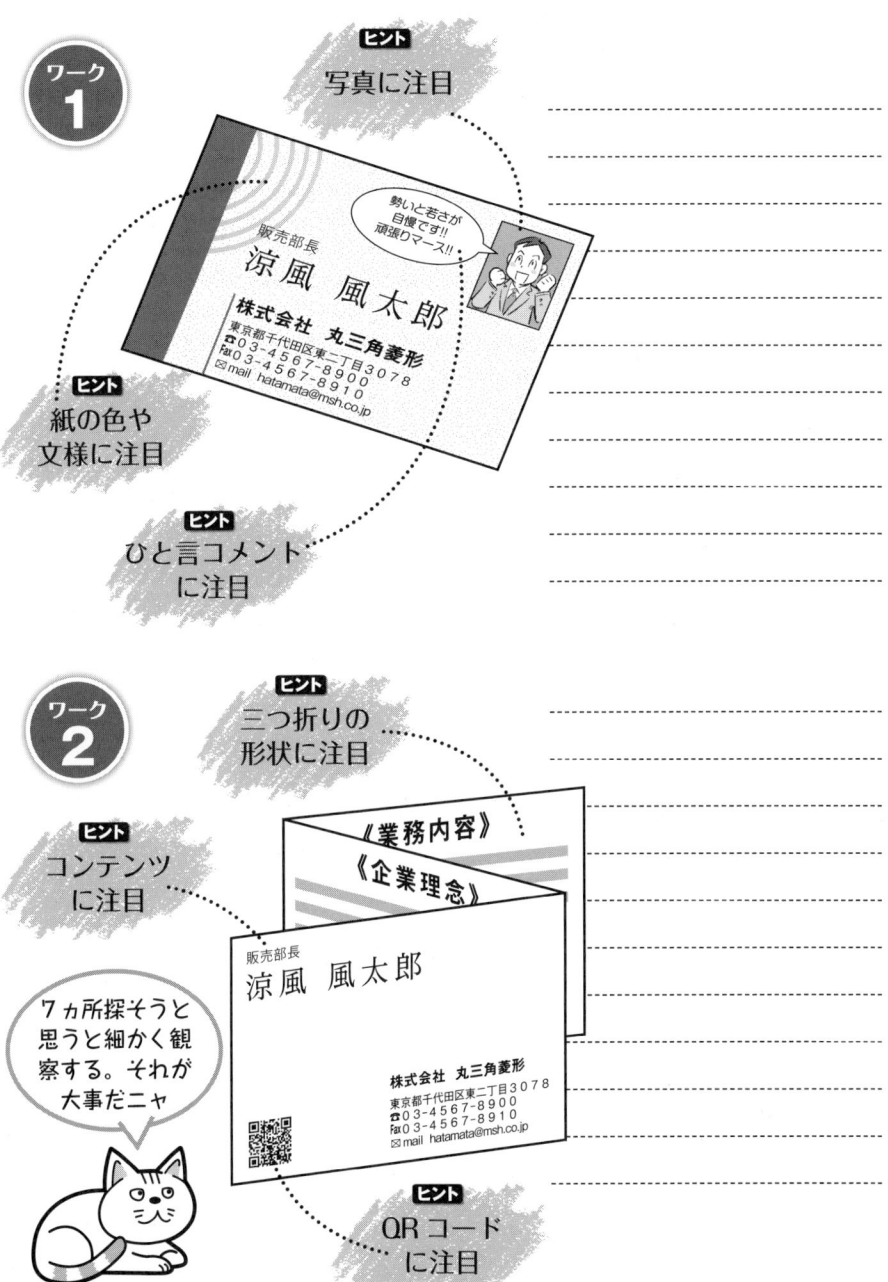

センスを認め、場の雰囲気を明るくする
服装・持ち物をほめる

服装や持ち物にはその人の個性が表れます。そこをピタリとほめると、相手は前向きになり、あなたへの信頼も高まります。

例題 次の人物を見て、
1分間に7ヵ所ほめてみましょう。

1. 靴、きれいに磨いてあるな
2. ネクタイ、いいセンスだね
3. 髪を切ったの？　似合うね
4. きれいな色のスカーフ！
   どこの？
5. いつも笑顔で、姿勢がいいね
6. 今日はとくにさわやかだな
7. 雰囲気が明るくなったね

ここがほめポイント!

服装、持ち物

ネクタイ、シャツ、スーツなどの色柄や着こなし。メガネ、時計、アクセサリー、カバン、傘など。

印象、姿勢

清潔感、フレッシュさ、パワフルさ、明るさなどの印象。目ヂカラの強さ、笑顔、堂々とした態度など。

声、話し方

よく通る声、落ち着いた声、丁寧な言葉遣いなど。

ワーク 1

ヒント
メガネに注目
ヒント
表情に注目
ヒント
靴に注目
ヒント
季節感に注目

セクハラにご用心
ビジネスの場で異性の見た目をほめるときには配慮が必要。清潔感などの印象や立ち居振る舞いをほめると良いでしょう

Column

ほめ言葉リストを作ろう

「いいね」「すごいね」だけでは、相手や状況に応じたほめ方はできません。ほめるトレーニングをしながら、思いついたほめ言葉をエクセルなどでリスト化し、「ほめ言葉のボキャブラリー」を増やしましょう。

ツボを押さえて会話に弾みをつける

オフィス・店舗をほめる

会話が途切れたときには、周囲を見回して、目に入ったものをほめてみましょう。

例題 次のオフィスを見て、1分間に5ヵ所ほめてみましょう。

1. オフィスからの眺めがすばらしい
2. かわいいお花。春らしいですね
3. 立派なトロフィー。何のですか？
4. かっこいいテーブルですね
5. この社訓、心に響きますね

わざわざそこに
置いてあるものこそ
「ほめポイント」
人目につくところに飾るのは、「気づいて！」「ほめて！」という欲求の表れです

ここがほめポイント!

装飾品

絵画、つぼ、観葉植物、賞状やトロフィーなどの記念品、経営理念や社訓の額など。

インテリア

特徴のあるソファ、テーブル、毛皮の敷きもの、書棚、時計など。

その他

宣伝用のポスターやチラシなどの掲示物。オフィスからの眺望、日当たり、広さ、整理整頓具合など。

ワーク 1 次の店舗を見て、1分間に5ヵ所ほめてみましょう。

ヒント

窓の多さ、ベンチ、植え込み、ライティング

観察力、構成力、表現力に磨きをかける

第三者にほめて伝える

目の前にいない人のことを伝える練習は、表現力や構成力を鍛えます。何より、要点をつかむ観察力が養われるでしょう。

×　具体性がなく、ポイントもズレていて、伝わらない

ちょっといいかい?
新しく入ったAさんどう?
そーですね…
まあまあじゃないですか
まぁまぁか…
仕事ぶりはふつうですね
顔は俺のタイプなんすけど…内緒ですよー
俺のことチラチラ見てるんですけど
惚れられちゃってますかね~
はっはっは
お前に聞いたのが間違いだったよ…

○ 的確な表現で、良さが目に浮かぶ

ほめて伝えるときのポイント

1

観察力

どこをほめるか決める

観察したほめポイントの中から、どこを伝えるといいか判断する。

2

構成力

話す順番を決める

いくつかほめる場合は話す順番も大事。左の例では、強調したい内容を最後にすることで盛り上がる構成に。

3

表現力

具体的にイキイキと話す

たとえ話や具体的な実例を出すと分かりやすくなり、状況が目に浮かぶように伝わる。

「ダメ出し」ではなく「リクエスト」！
怒る「反応」から、叱る「対応」へ

イライラした気持ちのままで「叱る」のは難しいもの。「怒る」と「叱る」の違いを理解し、心と行動を切り替えましょう。

✕ 怒る

怒りをぶつけて発散しただけ

ひゃー!!
おい君！
なに勝手な
ことしてるんだ！
言われた通りに
やれよ
ガミ
ガミ
お前は
バカなのか？
スクラップは
PCでデータに
するんだよ！
本当に
使えない
奴だ！

反応

感情的・短絡的に相手を否定・非難する

◀ **相手は萎縮してしまう**

「怒る」を「叱る」にスライドする
反射的に現状を否定する
怒る
イライラしたらフーッと息を吐く
（イライラを鎮めるコツは124頁へ）
どうあるべきかビジョンを示す
行動を変える改善提案をする
ビジョンや行動を相手から引き出す
叱る

次頁で切り替えプロセスを実践！

○叱る　行動改善のために提案する

君、ここは違うよ
前のファイルとってある？
前回の書類と同じようにしてほしいんだ
は、はいっ！
これがこの前のメモ？よくまとめられているねそれと同じようにやってくれ
2時間でやりマス！

対応
理性的・戦略的に改善点を提案する

◀ **相手の行動が変わる**

「怒る」➡「叱る」切り替えワーク

下の３つの問題例で、「怒る」と「叱る」の具体的対応（言い方）の違いを確認しましょう。左端の空欄に、あなたの部下の課題を記入し、怒る場合と叱る場合、それぞれの指示を書いてみてください。

叱　叱るとは、「しかるべきビジョンを示し、行動を引き出すこと」

怒　怒るときはあいまいな命令、漠然とした指示であることが多い

接客で笑顔が少ない	ミスが多い	問題
笑え！	ミスを減らせ！	怒 あいまいな命令
笑顔で接客する	ミスを減らす	叱 しかるべきビジョン
店に出る前に１分間鏡を見て、「いーうー体操」※してね	日付と捺印をダブルチェックしてね	叱 具体的な指示
どうしたら笑顔でお客様と接することができると思う？	どうすればミスが減るか？	叱 行動を引き出す質問

※口を大きく動かして「いーうー」と繰り返し声を出す体操。顔の筋肉がほぐれ、自然な笑顔に。

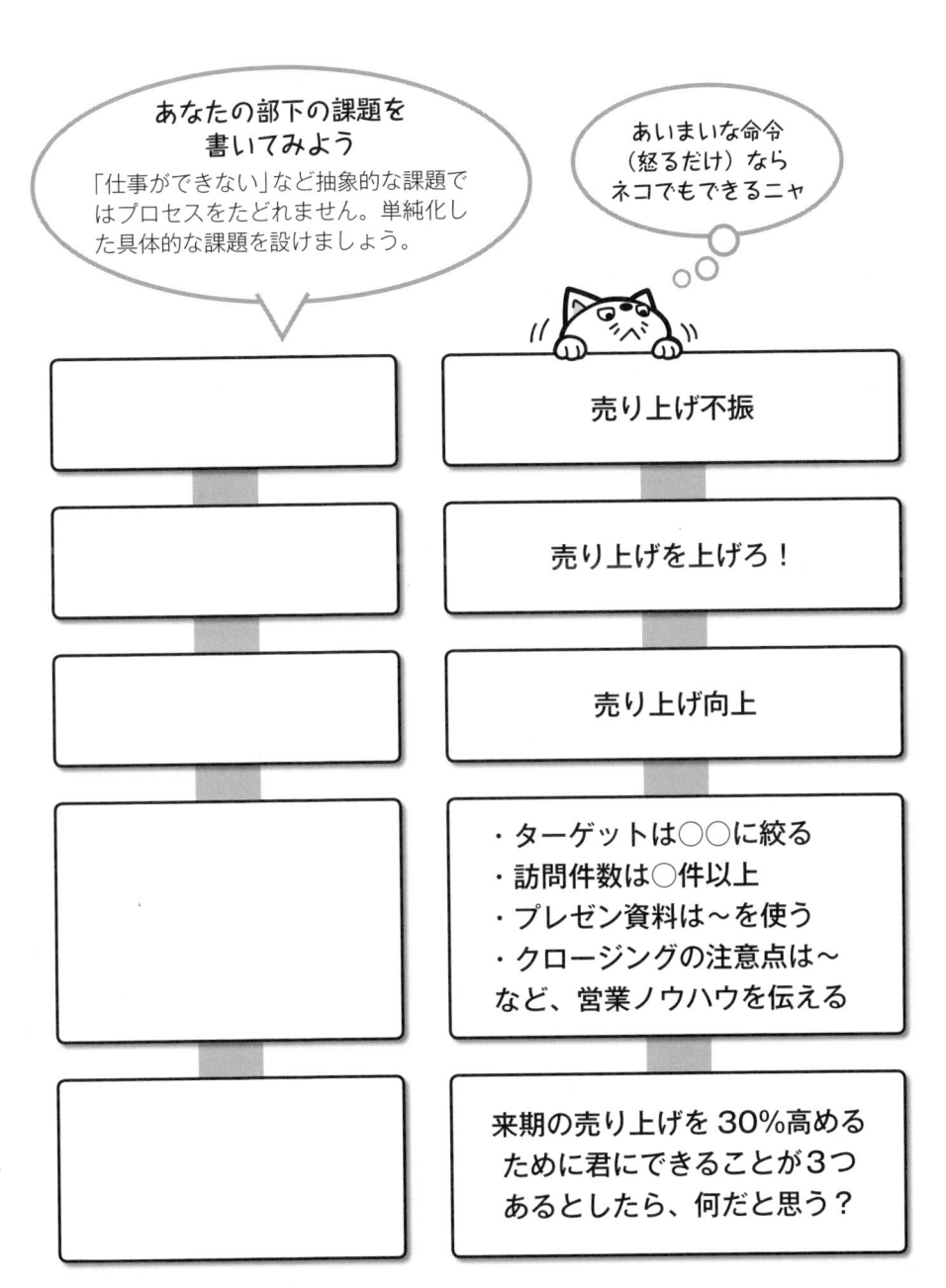

あなたの部下の課題を書いてみよう

「仕事ができない」など抽象的な課題ではプロセスをたどれません。単純化した具体的な課題を設けましょう。

あいまいな命令（怒るだけ）ならネコでもできるニャ

売り上げ不振

売り上げを上げろ！

売り上げ向上

・ターゲットは○○に絞る
・訪問件数は○件以上
・プレゼン資料は～を使う
・クロージングの注意点は～
など、営業ノウハウを伝える

来期の売り上げを 30%高めるために君にできることが3つあるとしたら、何だと思う？

セルフモニタリングで、表情＆声色をチェック

問い

Ａ～Ｃの設定にあわせて、
「この作業の意味分かってる？」と声に出して言ってみましょう。

いくら注意をしても
ミスを繰り返す
部下に対して
……

A 明るく気遣うように
B 落ち着いて冷静に
C 厳しく感情的に

解説

表情や声の調子で、伝わるニュアンスはガラリと変わる

　同じ言葉でも、顔つきや声のトーンが変わると、意味が変わります。相手の受け取り方も、「心配された」「怒られた」など、変化します。思いを正確に相手へ伝えるには、身体表現にも注意が必要なのです。

　そのためには、ほめたり叱ったりする前に、自分の表情を確認しましょう。もし、「眉間にしわが寄っている」など、イライラしている自分に気づくことができれば、部下と話す前に怒りをセーブできます。

ほめているときの表情、
怒っているときの表情を
鏡の前でチェックして
みましょう

Part 2

ケーススタディ

どんな相手・
場面にも即対応！
仕事がぐんと
スムーズに

ほめ方&
叱り方を変えて、
困った相手を
動かす

困った問題行動

身勝手な部下に振り回されてばかり……。注意しても改まりません

（上司　31 歳）

部下
そ〜…
仕事がたまってるのに…
あいつはまだきていないのかいつも遅刻だな
ア!!
あ!バレちゃった
コソコソ
遅いよ!あのデザイン修正、早くやってくれ!
ちょっと見せてみろ!
どうだい?進んでるかい?
う〜ん…
う〜ん…やってますよォ
全然進んでないじゃないかァ!?
しかも勝手にロゴ変えちゃってるし!
ロゴ変えたら違う会社になっちゃうだろ〜!
・・・・

早く元に戻して修正を終わらせてくれ！
締切に間にあわないぞ！
プイ
すぐには無理です…経費の精算しちゃわないと…
カチカチ
そんなのいいからはやくやれー
バカー!!
のれんに腕押し…馬耳東風。
んー…もうできないです！
ツーン…
今日はもう帰ります！
さいなら
ワナワナワナ…
な、なんてヤツだ…こんなことあっていいのか!?
ゆ…ゆるせん〜

問題児だと
決めつけていませんか？
違う視点から見てみて

目の前で起きている困った事態だけにこだわらず、相手の良い面にも目を向けてみましょう。視野を広げれば、別の角度から問題を見直したり、予防策や解決策を考えたりできます。

➡次頁からのCase01～06をチェック！
➡ほめる・叱る前に①（56頁）へ

Case01

自分勝手
声かけのタイミングを早める

定時になると、仕事を放り出して帰ってしまいます

制作会社のデザイン部。D君は、仕事が終わらないため残業を促しても、定時には退社。結果、納期直前に周囲が巻き添えを食うはめに……。

解決!

納期は守らないといけない。けれど、それを締め切り間際に言っても手遅れです。納期の重要性を指導するとともに、上司からもまめに進捗状況を確認しましょう。1週間前、当日の朝など仕事に応じた節目のタイミングで声をかけます。

一方、「残業はOKで仕事最優先」という上司の価値観を強要している面も。両者が歩み寄れる目標をたて、そのために知恵を絞りましょう。

ポイント!

win × win の目標をたてる

部下
目標
上司
win
仕事を残して定時に帰る
lose
lose
残業してでも仕事を終える
win
win
定時までに仕事を終える
win

×ギリギリになって怒る

○早めに、まめに、声をかける

Case02

感情的な人
まず〝承認メッセージ〟で話しかける

「大丈夫？」と聞いただけなのにキレ気味に返答してきます……

日用品メーカーの販促部門で働くKさん。センスはいいけれど感情的なのが玉にキズ。ヒステリーを起こすこともあり、対応に困っています。

解決！

どんな人でも、どんな類の気持ちでも、感情には波があります。相手が思い詰めているときに、「大丈夫？」と聞くのはタイミングが良くありません。相手の気分や仕事の状況を観察してタイミングを見計らい、「いいね」など、まずは相手を承認する言葉をかけましょう。

「ヒステリー」などの決めつけは、相手の可能性を見落とすことがあるので要注意（56頁参照）。

ポイント！ 気分と仕事の状況を観察する

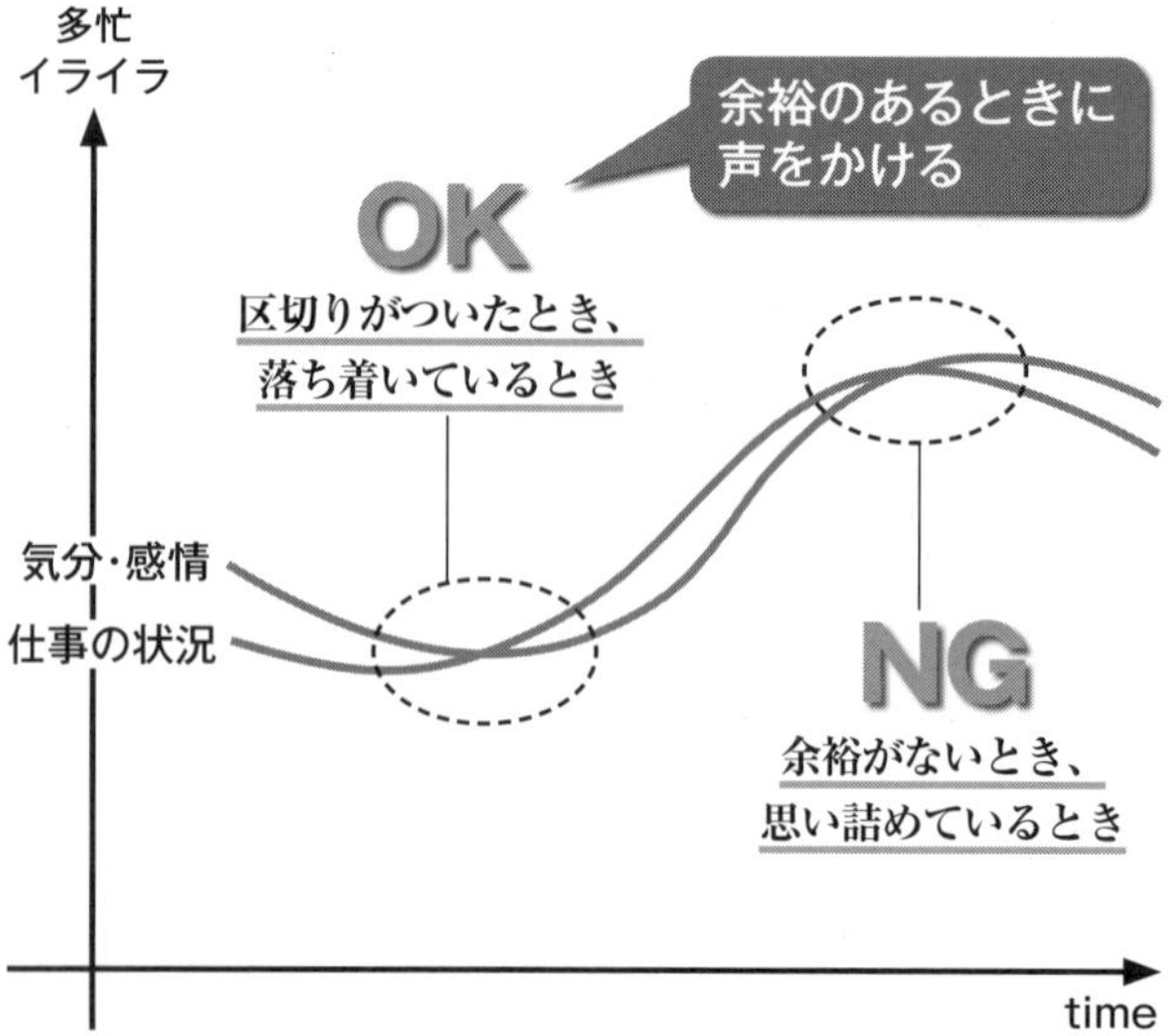
多忙
イライラ
余裕のあるときに
声をかける
OK
区切りがついたとき、
落ち着いているとき
気分・感情
仕事の状況
NG
余裕がないとき、
思い詰めているとき
time

\\ポイント!// “気持ちをなごませるひと言”からスタート

NG

上司：**例のディスプレイ大丈夫？**
どこまで進んでる？

✕ 相手が思い詰めているときは、ダメ押しの声かけになってしまう

部下：わたしだって一生懸命やっています。
そんな急かすように言わないでください!!

上司：**そうじゃなくて**。確認しているだけだから、
そんな**感情的にならないでさ**

部下：感情的になんて
なっていません！

OK

上司：**お、ひと区切りついたみたいだね。**
どれ……、なかなかいい色使いじゃない！

◯ タイミングを見計らい、相手を認める言葉をかける

部下：はい、
もうひとヤマありますが……

上司：うん。ラストの山場だよね。
遅れないように何かサポートは必要？

部下：大丈夫、何とか間に合うと思います。
ラストスパートかけます！

Case03

私語が多い

レッツの気持ちで、事実確認から

手が空くとすぐにおしゃべり。お客様に気づかないことも……

化粧品売り場チーフのNさん。ムダ口ばかりの美容部員を注意したいけれど、気まずくなりそうで躊躇しています。

× 決めつけて非難する

ちょっと！今おしゃべりしてたでしょ！
せっかくお客様がいらっしゃったのに！
お客様に気づかないほど大切な話だったの!?
自分だってよくおしゃべりしてるくせに…
スミマセーン
接客のキホンがなってないわよ！あなたたちは周りへの目配りが足りないの！
あのースミマセーン
何ボンヤリしてるのよ！
あのォ…さっきからお客様がお待ちですけど…

解決！

「あなたたち、いつもおしゃべりばかり！」と相手を否定する言い方は逆効果。相手もカチンときて、反省の言葉を口にしても、心の中では反発して行動を改善しないでしょう。素直に注意を聞き入れてもらうコツは、責めないことです。

最初に事実関係を確認しましょう。すると相手は「しまった」という気持ちになるものです。そこを責めるのではなく共感し、「次からはどうする？」と質問して相手が自分で改善策を考えるように導きます。

最後は「一緒に気をつけよう」というレッツの気持ちで締めくくれば気まずくなりません。

○ カッとしないで、まず確認する

❶ 事実を確認する　❷ 受け止める＋質問　❸ レッツの気持ちで

Case04

報告が長く要領を得ない

「整理して話せ」ではなく、一緒に整理する

部下の報告が要領を得ず、注意しても変わりません

営業部、入社2年目のWさんは話があちこちに飛びます。トラブルの報告などで焦ると話はさらに大混乱。論理的に報告させるには？

解決！

「『整理してから話せ』と言っても、整理できない――」。人は、自分ができることは誰でもできるものと勘違いすることがあります。けれど経験の少ない若手にとっては、話を整理すること自体が難しいことも少なくありません。一度、部下の話を聞きながら、話を整理して、報告するとはこういうことだ、と手本を見せましょう。手間はかかりますが、報告上手に変える近道です。

ポイント！ **「整理して話す」をやってみせる**

部下：先輩、G社なんですけど、もう製作のほうに出荷伝票も切っていて。今さら言われても困るんですけど、お客様の言うことですし。えー、ですからー、あー△×￥○&★□

NG

上司：何を言いたいのか分からないな。**整理してから報告にきて**

部下：えーと、G社の注文が間違いないと部長さんは言ったのですが、製作に出荷伝票を切ったあとで、んー△×￥○&★□

× やっぱり「整理」ができない

OK

上司：ちょっと待って。**話を整理しよう。まず発生した状況、君がした対応、今度どうすべきか、この3つにブレイクダウンするよ**

○一緒に話を整理する

上司：お客様から何の連絡がきたの？

部下：お客様から注文の変更がありました

上司：最初の注文後に君がとった対応は？

部下：出荷伝票を担当部署に送付しました

上司：注文変更を受けたら、まずやるべきことは何？

部下：出荷状況の確認と訂正連絡です

上司：そうだね。未出荷の場合と、出荷済みの場合の対応は分かる？

部下：ええと、未出荷なら……

1～2回は伴走が必要です

毎回一緒に考えていては、上司も仕事にならないし、部下の成長にもつながらない。3回目くらいから、「前と同じようにやってごらん」と、ひとりで考えさせましょう

Case05

遅刻が多い
朝食に誘って、いつもと違うアプローチを

何度注意しても朝寝坊で遅刻してきます

ＩＴ企業に入社したＮさん。１ヵ月前から遅刻を繰り返すように。最近は怒られても「起きられなくて」と開き直り、注意を聞き流します。

解決！

同じような叱責を繰り返すと、徐々に耐性がついて「あぁ、またか」と聞き流されてしまいがち。

これを防ぐには、変化をつけることが大事です。

たとえば朝食に誘ってみましょう。ファーストフード店でコーヒー一杯でもＯＫ。食べながら、その日の仕事の打ち合わせをします。食べることで血糖値が上がり元気も出ますし、プライベートな時間から仕事モードへ切り替わります。

ポイント！ **定時にきたときに、きちんとほめる**

OK

遅刻した日

8時55分までに出社しなさい

遅刻しなかった日

今日は間に合ったねー。OK OK ！

やればできるじゃないか

○ 遅刻しなかったときに認める

NG

遅刻した日

また遅刻か、いい加減にしろ

遅刻しなかった日

……（無言）

お前が遅刻しないなんて嵐がくる!?（茶化す）

✕ 遅刻しなかったときに相手を認めない

Case06

語尾を伸ばす
怒るより、ありのままの姿を見せてやる

語尾を伸ばして話すクセが抜けなくて困っています

歯科医院の受付で働くPさん。愛想はいいけれど、語尾を伸ばして話すクセが直りません。本人はふつうに話しているつもりのようで……。

解決！

自分の話し方のクセは、自分では気がつかないものです。意識できないことを怒られても直しようがなく、反発するか萎縮するだけでしょう。

まずは、その人の話し方を客観的に見せてあげましょう。そのうえで、直したほうがいい理由を説明し、適切な話し方を練習させます。うまく話せたら、「そう！　できるじゃない！」と即座にほめて快感スイッチを押すことも忘れずに。

テクニック　オウム返しして客観視を促す

○○さ～ん 今度からは～ 保険証は～ 最初にぃ～ 出して～ くださいね～
はぁ…
① 語尾を～ 伸ばさないでェ～ 話すとォ～もっと 意図が～伝わり やすいよォ～！
② 語尾を 伸ばさないで 話すともっと 意図が伝わり やすいよ！
さぁ どっちが 社会人らしい かな？
②番です！
サッ
2

それはあなたの思い込み？

レッテルを貼っていないか見直そう

こんなフレーズに要注意！

下のような言葉を口にしたら、先入観にとらわれていないか自分を振り返ってみましょう。無自覚のうちに相手を色眼鏡で見ているのかも……。

いつも～だ

あいつは～な奴だ

そもそも～

ふつうは～

好き・嫌い

いったん困ったヤツだと思うと、何から何までそう見えてしまうものです。たとえば、「あいつの話し方は弱気だ」「書類の書き方も弱気だ」「食べ方だって弱気だな」と、「弱気フィルター」を通して相手を見てしまうのです。

決めつけてしまうと
相手の可能性を見逃す

上司が見ているのは、その人のほんの一面に過ぎません。フィルターにとらわれない

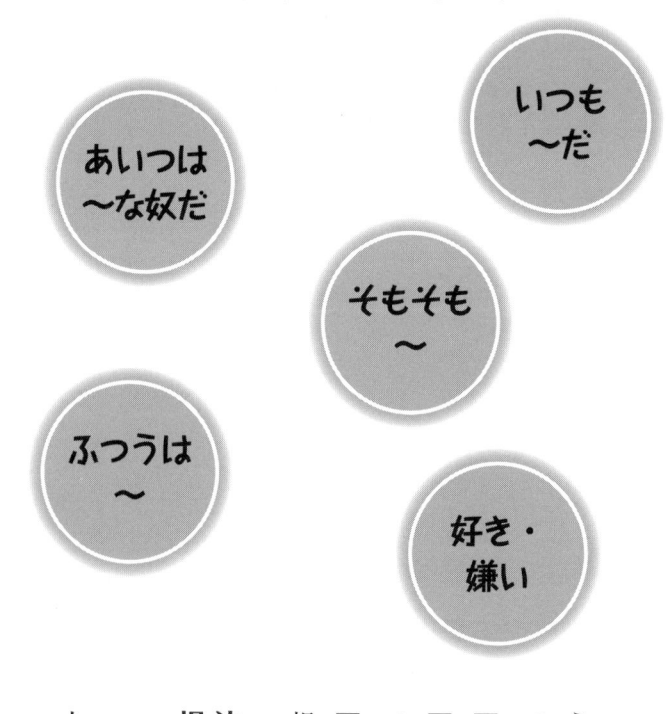

マイナスイメージをプラスに貼り替える

フィルターを通して見ていたかも？　と自分で気づくことができたら、あとは認識を微調整するだけ。ネガティブなレッテルを、少しポジティブな表現に貼り直しましょう。

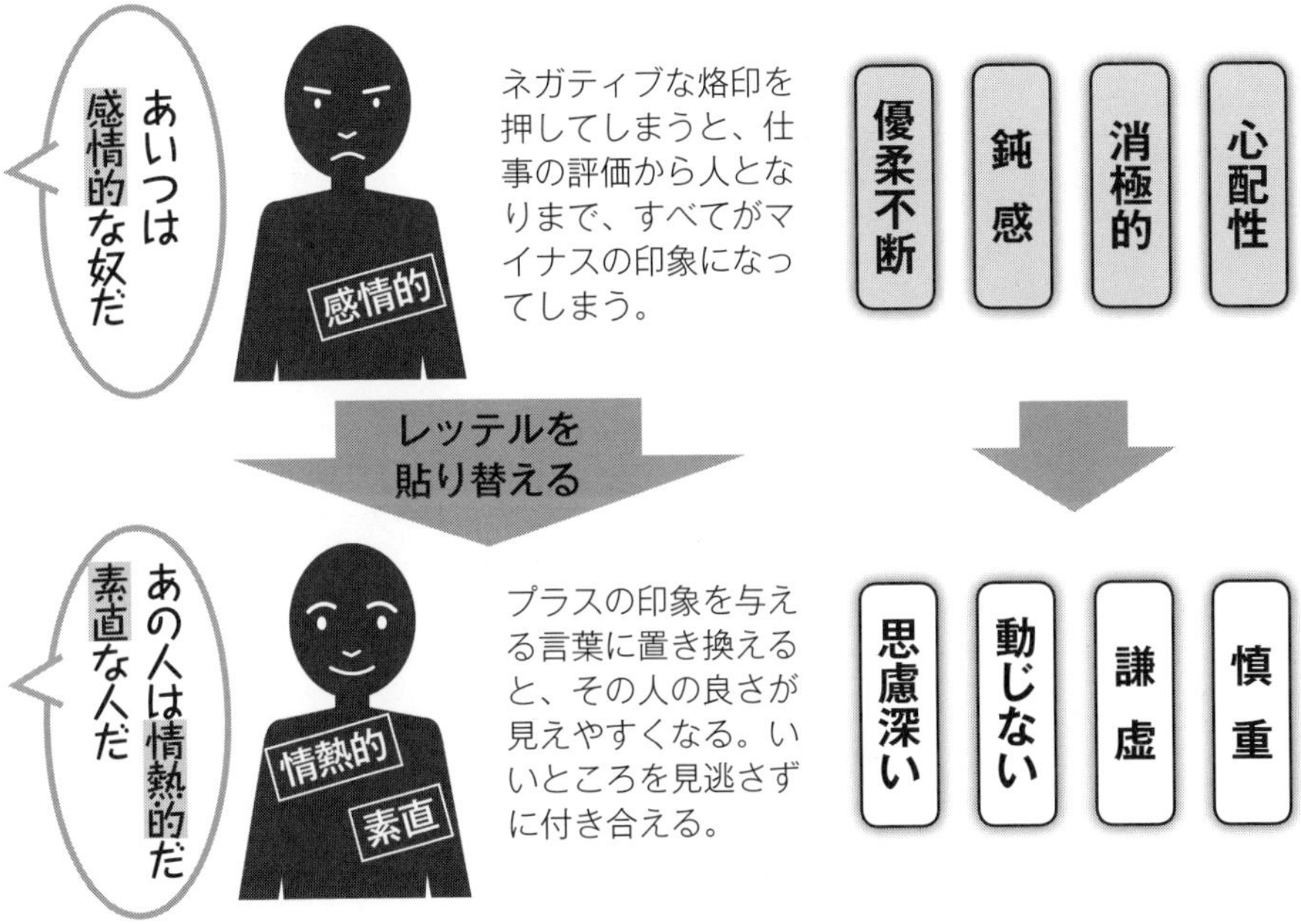

あいつは感情的な奴だ
感情的
ネガティブな烙印を押してしまうと、仕事の評価から人となりまで、すべてがマイナスの印象になってしまう。
心配性
消極的
鈍感
優柔不断
レッテルを貼り替える
あの人は情熱的だ 素直な人だ
情熱的
素直
プラスの印象を与える言葉に置き換えると、その人の良さが見えやすくなる。いいところを見逃さずに付き合える。
慎重
謙虚
動じない
思慮深い

で多様な角度から相手を見ることができたら、その人の長所や潜在能力に気づくことができます。

「そうでないとき」に目を向ける

フィルターをはずして相手を見るには、「そうでないとき」を探すのがおすすめ。相手を「○○だ」と思っているなら、「○○でない」ときを探すつもりで観察するのです。

ほかに、「好き・嫌い」も極端なフィルターのひとつ。嫌いな人の良い点、好きな人の不十分な点を意識して観察すると、フィルターをはずしやすいでしょう。

困った人間関係

言うことはきかないし質問にも答えない。ギスギスした雰囲気です

（上司　33歳）

相手との接し方を「攻め」から「受け」に変えてみましょう

自分の考えを押しつける、あれこれ指摘する、自分から話すばかりだと、相手のモチベーションを下げてしまいがち。
ひと息入れて、相手をよく見て話を聞いてみましょう。

➡次頁からのCase07～13をチェック!
➡ほめる·叱る前に②(70頁)へ

Case07

指導するとすぐへこむ
ほめ材料でガラスのハートを補強する

軽く指導しただけなのに目に見えて落ち込みます

営業部に配属され2ヵ月たつCさん。訪問営業後に問題点を指摘するとひどく落ち込みます。責める言い方はしてないのに……。

△ 改善提案だけだと落ち込む

解決！

やさしく改善点を指導してもめげてしまう――。そんなガラスの心臓の持ち主は、ほんの少し指摘されるだけで、ひどく落ち込んでしまいます。このような人を前向きな改善へ導くには、まず自己肯定感を高めてあげる工夫が必要です。

たとえば、相手の自己評価をポジティブ3、ネガティブ1の割合で聞き出します。すると、上司が知らなかった部下の努力や、部下との認識のズレに気づくでしょう。そうした「ほめ材料」を元に話を掘り下げ、きちんと評価してあげます。相手の自己肯定感が高まり、「頑張ろう」という気持ちにシフトさせることができます。

○良かった点3、改善点1の割合で聴く

今日のプレゼンで うまくいったところを3つ 次はこうしたいところを ひとつ教えてくれよ！
う、うまく いったところ ですか…？
今日はお客様の下調べは うまくいったと思います あと、前回ほど緊張 しないで話せました
エーット…
直したいところは 質問にうまく 答えられないところ ですかね…
うん、よく調べて あって説得力も あったよ！
緊張も 場数を踏めば もっと良く なるよ！
あれで 緊張して なかったのか
説明もたまに かんでたけど 次はもっと 良くなるんじゃ ないか？
はい！ 事前の リハーサルを もっと 頑張ります！

Case08

頑固で考えを変えない「できるメッセージ」で変化を後押しする

別のやり方をすすめても「いつものやり方なので」と譲らない

お歳暮時期に百貨店へ派遣されてきたパートスタッフのUさん。包装時にテープを貼りすぎないよう注意しても自分のやり方に固執します。

解決!

頑固なこだわりをもつ人は、じつは自信がなくて変化を怖がっていることが少なくありません。短く、ピンポイントでやり方を伝えたら、「大丈夫、あなたならできるよ」というメッセージを送り、どんどんやらせましょう。新しい方法に納得してそれを習得するには時間がかかるもの。その間、たくさんほめてたくさん練習させ、変化に対するおそれを取り除いてあげましょう。

✕ 長引く注意はお説教と思われるだけ

前にも言いましたがテープ使いすぎでムダが多いですよ
お客様だって開けにくくなりますから…
それに見た目だって良くないし…
こっちは20年もやってんのよ! あんたに言われたくないわね!
はーい

\\ポイント!//

たっぷりほめて、頑固な心を解きほぐす

OK

リーダー

Uさん、丁寧なのはすばらしいですが、
○○百貨店流（1ヵ所留め）で
包装をお願いしたいんです

◯15秒以内でコンパクトに伝える

このやり方のほうが慣れてるので……。
お客様には分からないでしょうし……

Uさん

Uさんは手先が器用だから、こうすれば完璧に
1ヵ所留めで**包めます**よ。（やってみせる）
ほら、ちょっとこれで包んでみてください

◯“できる”メッセージを伝える

はい

そうそう！ おできになるじゃないですか。
とてもきれいです。
あとは、もう少し時間短縮できれば最高です！

◯たっぷりほめて、新しい方法の練習を促す

そうかしら～。
少し練習してみますね

次の目標（時間短縮）を示すことで、今の課題
（包装方法の変更）は当たり前のことになる

Case09

何を考えているか分からない
仕事量・難度を変え、能力を時間で計る

一段難しい仕事を任せたいが できるかどうか判断できない

ＩＴ企業でエンジニアをしているＰさん。暇そうなので仕事量や内容に満足しているか聞くと、「別に……」との答え。本音が分かりません。

解決！

聞いても分からないなら、まずは観察です。部下の仕事ぶりは印象論に陥りがち。しかも「手が止まっている」など、気に入らないときの印象が残るものです。何分間暇そうにしているのか、何をしているのか、望遠鏡を使ってでも見るつもりで、一日に何度か意識して観察してみましょう。

仕事の任せ方を変えて、観察するだけでは分からない能力を計ってみるのも一法です（下参照）。

テクニック 所要時間で能力を測定する

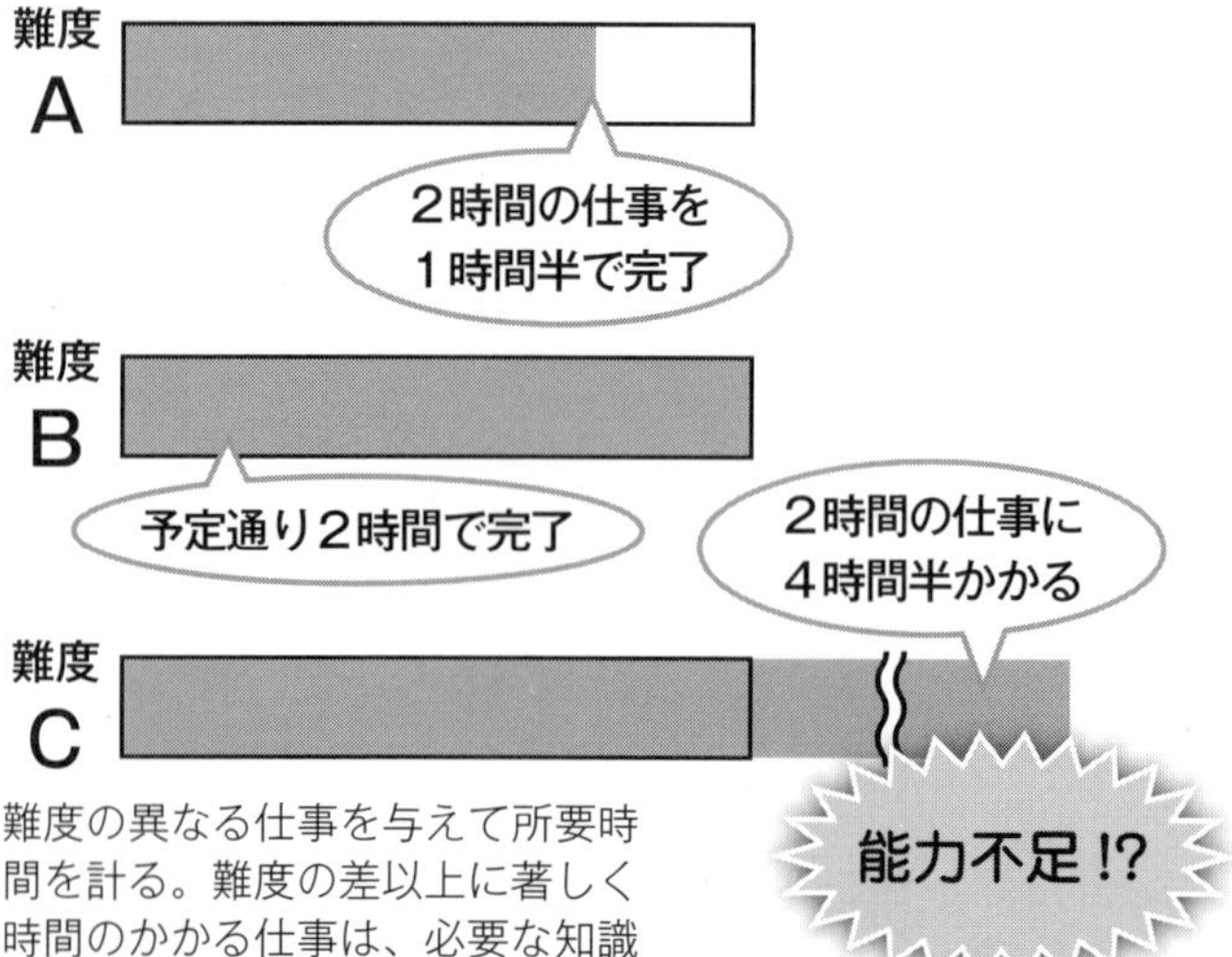
難度A
2時間の仕事を
1時間半で完了
難度B
予定通り2時間で完了
2時間の仕事に
4時間半かかる
難度C
能力不足!?

難度の異なる仕事を与えて所要時間を計る。難度の差以上に著しく時間のかかる仕事は、必要な知識や技能が足りないのかも。

Case10

指示に反発する
提案と人を切り離し、案に注目させる

対抗意識を燃やして こちらの指示に反論してきます

マーケティング部の2つ後輩のG君。最近、「先輩のやり方より、こうしたほうが良くないですか?」と口答えして素直にやりません。

解決!

負けん気の強い後輩に対して、あなたも対抗意識をもっていませんか。時間的・環境的な余裕があるなら、後輩の提案でやらせてみる。そうした懐の深さを身につけるいい機会です。

そんな余裕がなく、経験上、あきらかに現状のやり方に合理性があるなら、G君に客観的に両案を比較させましょう(下参照)。提案と人を切り離して案のみにフォーカスさせるのがコツです。

ポイント! **メリット、デメリット表を作らせる**

(例)	メリット	デメリット
A案	・予算通り	・納期まで3ヵ月
B案	・納期まで2ヵ月	・予算を100万円オーバー

「案VS案」で対立色を薄める

「G君の案」と提案者に着目するのではなく、提案の中身に注目して「A案」「B案」という捉え方に置き換える。新たに「C案」を加えるのも良い。

Case11

質問すると黙り込む
「理由を10個挙げて」で攻撃性を和らげる

「なぜこうなったの？」と聞くと黙り込んでしまい答えません

Rさんの店舗だけ、売り上げが伸びていないため、話し合いの時間を設けたところ、黙り込んでしまいました。

解決！

相手が黙ってしまったのは、質問ではなく尋問された、非難されたと感じたからでしょう。

相手に話をさせるには、「原因のリスト」を作らせることがおすすめ。客観的に問題を見つめ、より具体的な課題と解決策が導き出せるようになります。理由を10個リストアップさせれば、改善できる課題もあるはず。「そのためにできることは？」と聞けば、行動改善案を引き出せます。

テクニック

質問で「次の行動」へ後押しする

行動を引き出す質問

- ～をするには、どうしたらいい？
- 具体的にはどうやって？
- まず何からはじめる？
- 明日、何をしたらいい？

アイデアが出ないならヒント

- ～はどうなっているの？
- 今一番足りないものは？
- 君が社長ならどうする？
- その中で君ができることは？

× 質問が詰問になっている

あなたのお店だけ売り上げが伸びないのよ！

どうしてなの!?

ちょっとォ聞いてるんだけど…

何よォ もォ…

あぁ…店長失格だと思われてる…

もーダメだァ…

＝

店長の責任、自分のせいだと言われるのが怖いため、黙ってしまう

○ 客観的に答えやすい

このお店売り上げが伸びない理由を10個挙げてみて！

はぁ…

10個ですか…

そうですね…まずは立地ですね それからスタッフのシフトがうまく回っていないこと あっ そうそう近所に競合店が増えたこと…

フムフム

＝

非難された感じが薄まり、問題を多面的に考えられる

声のトーンにも注意が必要

相手を責める言葉を使わなくても、責める気持ちがあると声のニュアンスで伝わるもの。配慮しましょう

Case12

セクハラ扱いされそう 1対1より職場ミーティングで

人員配置や採用計画のため、プライベートなことも聞きたいのですが……

総務部のMさん。もし彼女が寿退社すると業務が回らなくなります。プライベートに踏み込まれたくない様子ですが、誤解されずに聞く方法は？

解決！

長期スパンの仕事を任せたい、来年度の採用計画を決めたいなどの理由で、部下が業務を継続できるか気になることがあります。ただ、それは男女を問わない問題です。聞き方には十分な配慮が必要です。

さりげなく部下のことを理解したいなら、1対1ではなく、職場全体ミーティングで、テーマを設けて情報交換するのがおすすめです。

こう話そう **男女問わない質問の仕方を**

NG

結婚、出産の予定はない？

OK

このプロジェクトは2年かかります。
継続して担当できそうですか？

残業や急な出張には対応できますか？

Case13

年上で指導しづらい
正直に気持ちを話して、助けを求める

現場をよく知る先輩社員。
設定目標を上げてほしいのですが……

入社当時、ＭＲ（医薬情報担当者）の仕事を教えてくれた先輩が自分の部下に。現状こうだからその目標はムリだと言われると、反論できません。

解決！

ここは、素直な気持ちを相手に伝えましょう。勇気を出して「助けてください」と言えれば、しめたもの。自分の抱えている不安を伝え、相手が抱えている気持ちを聞く。お互いの気持ちを共有することで、少しずつ関係が築かれていきます。

もし、真摯にお願いしたのに相手が頑なな態度を変えなかった場合には、役職者としての伝え方に切り替えることが必要な場合も。

ポイント！

誠実に接すれば、あとの対応もスムーズ

勇気を出して熱心に頼む

先輩、この数字（営業目標）は必達なんです。本当に申し訳ないですが、この数字をぜひお願いします。**僕のこと助けてください**

↓ 断られたら

クールな対応に切り替える

この数字（営業目標）が、先輩に対する会社からの期待です。達成できたときは〜、できないときは〜。申し上げにくいですが、職責上こうお伝えするしかないので、ご了承ください

自分の考えを押しつけていないか？
細やかな観察と傾聴で、信頼を得る

雑談で相手を知る

コツ① 話がふくらむ話題を選ぶ

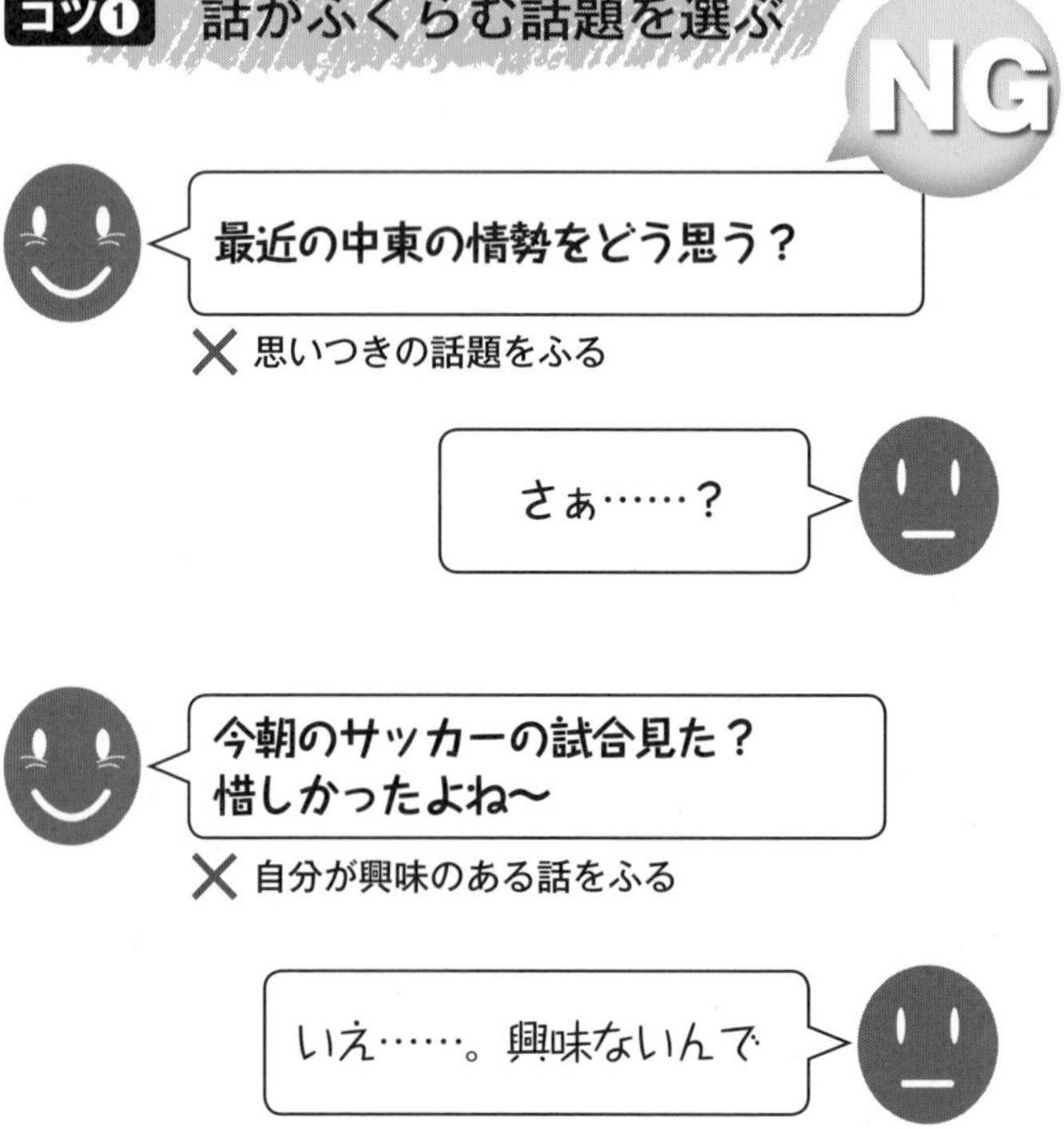
NG
最近の中東の情勢をどう思う？
× 思いつきの話題をふる
さぁ……？
今朝のサッカーの試合見た？
惜しかったよね～
× 自分が興味のある話をふる
いえ……。興味ないんで

会話でのコミュニケーションは「話す」と「聴く」に大別できます。多くの人は話すことに神経を注ぎがちですが、大事なのは聴くこと。それも、自然と耳に入ってくる「聞く」ではなく、相手に意識を向けて「聴く」ことです。

話をよく聴くだけで人間関係が改善することも

話すのは自分のペースで進められる一方、聴くのは相手の呼吸やタイミングを推し量

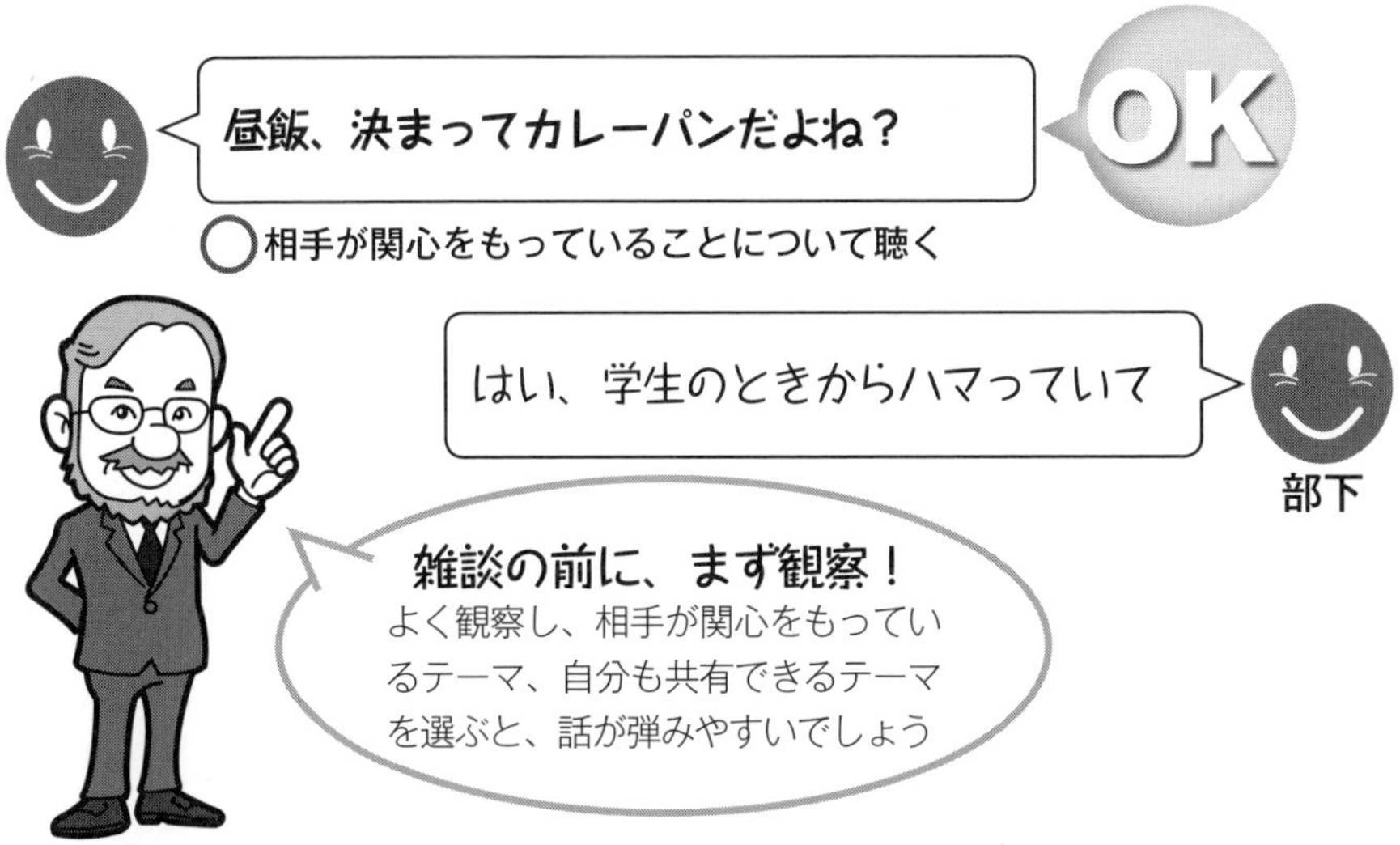
昼飯、決まってカレーパンだよね？
OK
◯相手が関心をもっていることについて聴く
はい、学生のときからハマっていて
部下
雑談の前に、まず観察！
よく観察し、相手が関心をもっているテーマ、自分も共有できるテーマを選ぶと、話が弾みやすいでしょう

コツ❷ 「グッズ・食べ物・趣味」に注目する

グッズ	食事	趣味
携帯、雑誌、時計、バッグなど	ランチ、お菓子、飲み物など	ゲーム、スポーツ、音楽など

こう話そう

◯「携帯、同じ機種だね。何かいいアプリある？」

◯「カップ麺好きだよね～。最近は、どんなのが流行っているの？」

りペースを合わせる必要があります。相手の話を最後までじっくり聴くことは、じつに根気のいること。

だからこそ、相手の言葉や気持ちを理解しようとする姿勢が、信頼感を育むのです。

信用し、信頼されるには よく見て、よく話を聴くことが大切

ほめるのも叱るのも、信頼関係というベースがないと成り立ちません。話を聴くときは、相手を論破しよう、何か良いことを言おうなどと考えず素直に耳を傾けましょう。そして、分からないことは質問する、この積み重ねが信頼につながります。

困った仕事スキル

何回言っても単純ミスを繰り返す後輩。常識知らずで手がかかります

（先輩　27 歳）

何回も言ってるけど
また、ここのデータ
抜けてるわよ！
あー
スミマ
セーン！
後輩
あなたちゃんと
メモとってるの？
すぐ
忘れちゃうん
だから…
○○さんは
一回言えば
できるのに…
メモはしてる
んですけどォ…
どこいっちゃった
のかなァ…？
グチャ
あのね、ノート
とかにまとめ
ないから
どこか
いっちゃう
のよ
はい
ノートあげる
から…
NOTE
なんだー
最初から教えて
くださいよー♥
そっかー

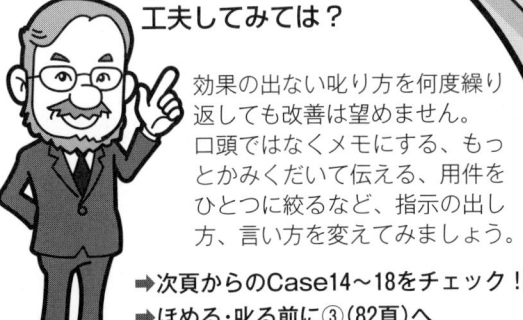

指示の仕方や目標設定を工夫してみては？

効果の出ない叱り方を何度繰り返しても改善は望めません。口頭ではなくメモにする、もっとかみくだいて伝える、用件をひとつに絞るなど、指示の出し方、言い方を変えてみましょう。

➡次頁からのCase14〜18をチェック！
➡ほめる・叱る前に③（82頁）へ

Case14

ミスを繰り返す 「〜するな」より「〜しよう」と伝える

何度注意しても伝票の記入ミスが減りません

輸入代理店で事務を担当するAさん。「ミスしないで」と再三注意しても伝票を書き間違えます。

解決!

「ミスするな」と繰り返し言われ、「ミスしないぞ」と強く思うとき、頭の中はミスのイメージでいっぱい。失敗イメージばかり脳に植えつけられた結果、ミスを重ねてしまうのです。イメージトレーニングが裏目に出てしまっているのです。

これを防ぐには、相手が成功イメージを描けるように言葉をかけること。「3ヵ所正確に記入しよう」など、あるべきビジョンが頭の中で映像化されるように伝えましょう。

ポイント! **言葉とビジョンは切り離せない**

ネコのことを考えないで
ふわふわの毛並み。長い尻尾をふりふり。まんまるになって寝ている姿なんて、考えてはいけませんよ
さて、何を思い浮かべましたか？

×ミスを強調

記入ミスは絶対にしないで!
ここまたミスしてる!
ダメなとこ書き直し!
は、はい

＝ミスのイメージが強まり、失敗を再現してしまう

○成功イメージを強調

記入後にきちんと書けてるか確認しましょう!
ハイ!
それから記入手順が分かりやすくなるといいんじゃない?
必須項目を目立たせるとか…
あっ!
見本の伝票を作って記入箇所に順番に番号を振ったらどうでしょうか?
いいわねそれ!

＝うまくいった状況をイメージでき、成功しやすくなる

自分でチェック表やマニュアルを作成すると、何がベストかよく考え、心に残るため、行動を変えていくパワーに。本人からアイデアが出たら、すかさず「いつまでに作ってもらえる?」など、行動につながる質問をしよう。

Case15

ツメが甘い
ロールプレイで本人の自覚を促す

契約段階でのトラブルが多く お客様を怒らせてしまう

不動産会社で働く入社3年目のBさん。営業マニュアルにも書いてあるのに、契約のツメが甘く、あとからトラブルに。どう叱ればいい？

解決！

あのときこうすべきだったと指摘しても、あとの祭り。過去を叱るよりも、これからどうすればトラブルを減らせるか、未来志向で話しましょう。

頭ではチェックポイントを理解していても、経験が浅いとつい抜けてしまうことも。経験不足を補うには、ロールプレイでの練習がおすすめです。お客様の立場で振り返れば、相手の気持ちに気づき、要点を詰める重要性も再認識できるでしょう。

こう話そう

レッツの気持ちでロールプレイ

上司

僕が君の役をやるから、君は、今回怒らせてしまったお客様の役をやってみて。で、**どうすればよかったか一緒に考えてみよう**

コミュニケーション能力の高い人にはロールプレイが向いています

Case16

簡単に「できません」と言う
イメージトレーニングで2大不安を拭い去る

「できない」とすぐあきらめます

システム開発企業でエンジニアをしているFさん。新規の案件に対して、深く考えないで「できない」と言います。謙虚なのか、面倒なのか……。

解決!

未経験のことをやるときに、「できる」と答えるのは不安なものです。うまくいくか分からない不安、失敗した場合への不安を抱えているのでしょう。挑戦したらこんな未来が開けるよ、と前向きなビジョンを見せてあげるようにします。

協力を惜しまない姿勢で見守ることも肝要です。問題にぶつかっていたら「あれを応用したら?」などとヒントを小出ししてサポートしましょう。

こう話そう　2つの不安を払拭する

❶ 結果が見えない不安には……

この案件に取り組めば、
△△業界に詳しくなるし、
××言語も身につくよね

❷「失敗したら」という不安には……

僕もサブでフォローするし、
ピンチのときは○○さんにサポートを
頼むこともできるから

Case17

当たり前のことができない
どうするかのルールを明示する

L町役場の新人Fさん。来客中なのに話に割り込む、繁忙期に延々と話しかけてくるなど、空気が読めません。

×

相手の状況を理解せず、報・連・相のタイミングが最悪

「空気を読め」では伝わらない

解決!

「7桁の暗算くらいできて当たり前」。そう言われると困りませんか？　人の能力や情報量はさまざま。自分が当たり前にできると思うことが、相手も当たり前にできるとはかぎりません。まして、上司と部下では情報量も経験値も大違い。「当たり前にできること」にも大差があるのです。

そもそも職場には暗黙のルールが山ほどあるもの。だから新しく加わった人に、「空気を読んで臨機応変に」など抽象的に指示してもスムーズな対応は望めません。暗黙のルールを、行動に移せるルールにかみくだいて、どうすればいいのか伝え、経験をつませてあげましょう。

○ 行動に移せるルールにかみくだく

❶ ルールの明示

❷ ルールの追加・修正

分からないことがあったら時間をとるから質問してね
はいよろしくお願いします!
いそがなくちゃ!
カチャカチャ
ヒョイ。。
あのー係長!
今、会議の準備で手が離せないのあと30分したら来てくれる?
ゴメンね…
30分ですね!
30分後
毎週金曜は忙しいからこれからは月～木曜の午後にきて…
はいわかりました!

Case18

すぐ言い訳をする
言い訳の出にくいコミュニケーションを

結果が出ないと「相手が悪い」「教わってない」と周りのせいにします

製薬メーカーの営業部。目標を達成できなかったLさんに話を聞くと、自分は悪くないという言い訳オンリー。責任転嫁ばかりで成長しません。

解決！

何もないところからいきなり言い訳をする人はいません。言い訳は、相手から攻撃されたと感じたときに、自分を守るために張る言葉のバリア。自分が言い訳をさせたと自覚したうえで、コミュニケーションのとり方を見直しましょう。

基本は、質問を投げかけて目標達成へのアイデアを相手から引き出すこと。こちらから提案する際も、まず相手の受け入れ姿勢を確認しましょう。

ポイント！ **自分のコミュニケーションを振り返る**

どんなにすばらしいアドバイス（ボール）でも、相手が構えていないと受け取れない。

＼ポイント！／ 基本は質問。プラスαで許可をとって提案する

NG

上司：**君はまだ目標の半分しか契約をとれていないじゃないか！**

部下：今の担当エリアは新規開拓の余地がもうないんです。しかも競合より価格も高いし。そもそもこんな目標ムリ……

✕ 上司の言い方が、部下に言い訳をさせてしまった

OK

今、**目標の半分まできたけれど、どんな状況？**

う〜ん、新規開拓の余地がなくて、難しいんです

なるほど。**ではどうしたら残りの目標を達成できると思う？**

◯ 冷静に聞き、具体的・建設的に話をさせる

値下げすれば少しは……

そうか、値下げか。**ほかには？**

◯ 期待通りの答えでなくても、否定せず、第２、第３の質問を続ける

ちょっと提案してもいいかな？

◯ どうしても意見が出なかったら、許可をとる質問をしてから提案する

言い方ひとつで結果は変わる
シンプルに具体的に指示を出す

仕事のミスを叱る前に、最初の指示や任せ方に問題がなかったか振り返ることも大切です。シンプルで具体的な指示だったか、適切な仕事量・質だったか、伝わりやすい言い方だったか、見直します。

かみくだいて伝えるのは案外難しい

うまく伝えたつもりでも、自分がすんなりできることは、よほど注意しないと説明が雑になり、「気を利かせて」な

フィードバックの基本

部下の仕事ぶりをよく観察したら、現状を伝えて改善を促します。部下はこのフィードバックを元に自己認識を改め、行動を改善していけます

ステップ❶

「フィードバックしてもいいですか？」と前置きする

キャッチボールと同じで、投げる前に予告することが大切。「フィードバックしてもいい？」「ひとつ提案してもいい？」などと前置きし、「はい」と答えが返ってきたら、相手の心の中にキャッチャーミットが構えられたサイン。

ステップ❷

改善点をひとつ伝える

✕「直してほしいことが6つあるんだが」

◯「お客様には笑顔であいさつしよう」

あれこれ指摘しても、一度には改善できないうえ、モチベーションも下がってしまう。
優先順位をつけて、確実にクリアできること、最も改善効果の大きいことに的を絞って伝えよう。

欲張らずに
「一番絞り」ニャ！

ステップ❸

励まして送り出す

◯「大丈夫、きっとできるよ」

フィードバックを受けて、それまでと違う行動を起こしていくには、エネルギーが必要。励ます言葉で送り出し、元気づけてあげて。

どあいまいな表現に陥りがち。相手のレベルに適した指示を出すのは容易ではありません。
　まずは、その人がすぐに行動できる程度に単純化して伝え、やらせてみる。それで対応できなければ説明を補足。これを繰り返して調整します。

多彩な働きかけ方法が頼もしい武器になる

　ほめる、叱る以外に、フィードバックする、質問する、励ます、話を聞くなど、部下に現状や問題を認識させ、改善を促したりやる気を引き出す方法はたくさんあります。レパートリを増やし、指導の幅を広げていきましょう。

じつは困った“自分自身”

職場の雰囲気が悪くなりそうで叱れません（上司　30歳）

ありがとーございましたー
うーん…
なんかなァ…
スタッフ
あのォ…もう少し笑顔で接客してほしいんだけど…
もう少しニコッとね…

はい!?そうしてますけど何か?
エーとね…お客さまが声をかけやすいようにとかね…
おねがい…

相手よりも
あなたの問題かも……

「叱り方が分からない」「うまく叱れない」と戸惑いを感じているのでは？
勇気を出して部下を指導し、失敗も経験してください。
それが成長への近道です。

➡Case19～21をチェック！
➡ほめる・叱る前に④(88頁)へ

Case19

叱ることが苦手

〝叱らないと〟という意識を捨てる

接客中に笑顔の少ないスタッフ。叱ると気まずくなりそうで……

販売店の新リーダーを任されました。Kさんにもっと笑顔で接客してほしいけれど、自信もないし、嫌われたくないし、うまく叱れません。

解決！

自分に自信がなくて、叱ることが苦手なのに、叱らなければならないと思うと余計につらいものです。ほめるのが自分の性に合っているなら、その得意技を使って指導してみましょう。

笑顔の少ない人は、ほめられた回数が少ないもの。少しでも口角が上がったら、笑顔をほめましょう。たくさんほめて、ほめられバッテリーをチャージしていくと笑顔が増えていきます。

ポイント！ **満点でなく、15点の笑顔でもほめる**

Case20

仕事を任せられない
1%でも任せられる部分に目を向ける

部下に仕事を割り振るとかえって手間がかかります

アミューズメント企業で働いています。部下に任せた企画でミスが重なり修正作業に追われました。自分でやるほうが早いし確実なのですが。

解決!

自分で仕事を抱え込むと、部下は成長できず、任せられず、悪循環。任せる習慣を身につけて、楽になりましょう。上手に任せるコツはパーセンテージで考えること。相手の能力や意欲に応じて、「ほぼ任せて最終確認だけ―95%」「前例の洗い出しだけ―20%」など、0と100の間の任せ方を設計するのです。任せられないことを危惧するより、任せられる部分を見極めましょう。

ポイント! ３ステップで仕事を任せる

ステップ1　見極める

部下の能力や意欲、仕事量を考慮して、誰に仕事を任せるか見極める。

ステップ2　決断する

いつ、どこまで任せるか決める。仕事を細かく分け、相手の実力に合わせて任せる度合いを変え、思い切って任せる。

ステップ3　フォローする

任せっぱなしにしない。定期的に「どう？」と状況を確認し、部下の心情を把握する。

Case21

部下のほうが自分より優秀
素直にほめ、感謝し、教えてもらう

デキる部下に対してプレッシャーを感じます

システム開発のプロジェクトリーダーをしています。助っ人メンバーのHさんは専門知識も技術も自分より上。信頼を得られるか不安です。

解決！

優秀な部下がいるのは、幸せなこと。素直に頼り、ほめ、気持ちよく仕事をしてもらいましょう。「助かるよ、ありがとう」と感謝を伝えるのもおすすめです。相手は理解されていると感じ、信頼感が生まれ、チームの雰囲気も明るくなります。

一方、知識不足を逆手にとって、その部下に教えてもらうのも妙案。部下から真剣に学ぶ姿勢は、より強固な信頼関係を築くことでしょう。

こう話そう

相手に対する信頼を伝える

負担をかけるけど、やっぱりこの仕事は**あなたじゃないと！**

君と一緒に仕事ができてうれしい

この分野はHさんの得意分野だから**ぜひアドバイスしてほしい**

○評価されている、頼りにされていると感じる

信頼関係を「ほめる・叱る」のベースに！

豊かな感情表現で、気持ちを伝える

「ほめたら変に思われそう」

「叱ったら嫌われそう」

　そんな不安をもつ人は、ほめる・叱る前に、相手との日頃の関係を見直しましょう。

毎日の積み重ねで信頼関係を築く

　上司と部下という表面的なコミュニケーションだけでは、信頼関係が築きにくく、ほめたり叱ったりしても、相手の心には届きません。

　まずは、心と心の通い合う

感情表現ボキャブラリーリスト

哀	不安・心配
心もとない 心細い 切ない むなしい	気がかりだ 心配になる 案じる
やりきれない かなしい やるせない	やきもきしていたよー
何も手につかないよー	もどかしい 気が気でない 心配がつきない
胸が締めつけられる たまらなく悲しい 断腸の思い 痛恨の極み	ひどく落ち着かない 足がすくむ 身も縮む思いだ 焦燥感に駆られる

目線や尻尾でも
気持ちを
伝えられるニャ

喜・楽	怒
気分がいい 気持ちがほっこりする 心が軽くなった ルンルン	ちょっと違和感がー
ウキウキする 愉快だ ご機嫌だ 胸がときめく	違和感を覚える おもしろくない ムッとする
サイコー 心躍るほどうれしい 天にも昇る気持ち	気分を害した 不愉快だ 腹立たしい 癪に障る 憤りを覚えた
この上ない喜びで胸がいっぱいー	カンカンになる 憤慨する 激怒する

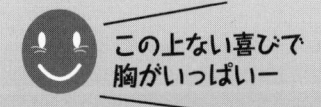

コミュニケーションでふだんの人間関係を改善しましょう。

その第一歩は、自分がどんな気持ちかを伝えること。自分をオープンにすると、相手も話しやすくなります。気持ちを伝え合うことで心の距離が縮まり、「ほめる・叱る」ベースができるのです。

感情表現の語彙を増やし誤解やすれ違いを防ぐ

何でも「ムカつく」のひと言で済ませてしまうと、不安なのか、嫉妬なのか、二日酔いなのか、正確に伝わりません。グラデーションをつけて言葉を使えるように、感情表現の語彙を増やしましょう。

外国人の部下をほめるポイントは……

問い

新しく加わった外国人スタッフが、
日本語で「はじめまして」と
言いました。
どう答えますか？

A「日本語がお上手ですね」
B「はじめまして」

解説

違いだけに、
スポットライトを
あてないほうが
いいでしょう

相手の状況について イマジネーションをもって ほめどころを考える

あなたが海外で「Thank you」と言って、相手から「英語が上手！」と返されたとき、「ほめられてうれしい」と思うでしょうか？　「はじめまして」の6音節だけで日本語能力についてコメントするのは一般化しすぎ。かえって失礼です。

異なる言語、国籍、文化だと、違いに注目しがちですが、人は誰でも相違点と共通点をもっています（外国人の部下にかぎらず、上司と部下では異なる文化をもつもの）。が、一緒に働く同僚なら、共通点も多いもの。同じ土俵の上で、状況を十分に想像して、相手目線でほめる（叱る）ことが肝要です。

Part 3

ステップアップコーチング

頼れる
メンバーに
キャリア
アップ！

ほめ方&
叱り方の
レパートリを広げ、
相手の成長を促す

Q 言われなくても主体的に動いてもらうにはどうしたらいい？

提案書
直しを
お願いします
ドッサリ
何も考えてないな…
要点をまとめて
シンプルにって
言ったのに!!
提案書

上司 profile
佐々木シンノスケ（35歳）
香取さんの直属の上司。SEとしてもプロジェクトマネージャーの経験が豊富で頼りがいがある。

部下 profile
香取シンジ（24歳）
システム開発企業のSE（システムエンジニア）。口数が少なく、仕事への意欲が見えづらい。

上司の悩み

「簡潔に読みやすく」と言ったのに、何でも詰め込んだ膨大な提案書を作り、手直しは人任せ。ふだんもこちらから話しかけるまで質問にこないし、やる気がないのかも。

指示されなくても、もっと自分で考えて主体的に動いてほしいが……。

Step

1 「自分から動いたこと」に目を向ける

「指示待ちでやる気がない」と決めつけない

上司の佐々木さんは、香取さんを「人任せ」「やる気がない」と判断していますが、本当にそうでしょうか?

「主体的に動かない」という思い込みがあると、「認識の受け皿」が固定観念として出来上がっているため、「指示されてようやく動いた」ときだけを認知してしまうことがあります（56頁参照）。

休憩時間や仕事帰りまでをくまなく観察すれば、主体的に動いているときはかならずあります。まずは「自ら動いたこと」に目を向け、自分の認識を調整しましょう。

言い方を変えるだけで、改善することも

相手を見つめ直すと、「主体的に動かない」と感じた場面が、別の角度から見えてくるはずです。もし、「丁寧に指示したときは動ける」のなら、説明不足が原因で「受け身」に見えていただけ。指示の出し方をちょっと変えるだけで、「受け身」を改善できるでしょう。

「飲み会で、
準備も当日の仕切り
も積極的だ」なんて
ことでもOK

❖よく観察して部下のコンテキストを知る

ほかにも、「勝手に動いたら迷惑だと思った」「『でしゃばるな』と前任の上司に言われた」など、動かない人には動かない人なりの、思いや理由があるのかもしれません。

じっくり観察したり、ときには直接聞いてみたりして、動かない部下のコンテキスト（事情、背後関係や周囲の状況）を理解するよう努めましょう。なぜ受け身に見えるのか原因を突き止められれば、あとはそれに合った対策を練るだけです。

「自分の積極性を
採点するなら何点？」
と聞いてみるのも
妙案だニャ

さまざま

???
△○◎
☆回×
□◇◎☆
回△を
◎×ってくれ
は、はい…

やり方が分からない

何をすればいいのか理解できていないと動けない。何が分からないかも分からず、質問することさえできないケースも。具体的で分かりやすい指示を出すのが効果的。

…

自分に自信がない

「自分なんかにできるはずがない」と思い、消極的になっているケース。たとえ半分でも、1割でも、できたところをほめて認める。自己肯定感を高めると自発性も高まる。

指示待ち、思考停止……

受け身に見える原因は

ルールを勘違いしている

上司の指示を待たずに勝手に動いてはいけないと勘違いしているケース。「○○のときは、指示がなくても動いてほしい」など、ルールを明示すれば改善する。

失敗するのが怖い

失敗を過度に怒られたり、処罰されるせいで、意欲が失せることも。

「失敗しても責任は俺がとる」「積極的な失敗は評価する」などの声かけで、恐怖心を取り払う。

体調が良くない

突発的な体調不良のほか、夜更かしや偏った食生活などが原因で調子が悪くボーッとしているケース。

改善できるように自覚を促したり、体調を整えるサポートを。

指示されたことだけやりたい

気苦労なく、指示されたことだけをやりたい、そういう働き方を望んでいるタイプ。契約上、それで問題ないなら、必要以上の役割を求めるのはルール違反。適切な指示を。

上司の発見！

『提案書の書き方』という本を読む香取君を発見。意欲はあるが、進め方がよく分からないのだなぁ。どう指導したらいいかな……。

Step

2 しかるべきビジョンを示す

❖「ベビーステップ」を踏ませて、自信をもたせる

初めての仕事をする人、自分の能力に自信のない人には、「ベビーステップ」を踏ませましょう。これは、確実にクリアできそうな課題を与え、クリアしたら、それを認め、少しずつハードルを上げていく目標設定の手法。具体的な指示があるため、部下は安心して課題に取り組むことができ、ひとつずつクリアすることで自信もつきます。

「簡潔で読みやすい提案書の作成」を指示したいなら、その中身を具体的にします。「A4用紙2枚以内」「構成は『顧客の要望・解決案・予定表、予算』」「文章には小見出しをつけて、図版は3割程度」など細かく分解し

部下の気持ち

初めての提案書。よく分からなくて、話を全部盛り込んでみたけれど……

ベビーステップの
課題は難しすぎても
簡単すぎてもダメ

て、ひとつひとつ相手の理解を確認しながら指示を伝えるのです。

❖一方的な指示を「指示＋質問」にチェンジ

ただ、指示ばかりでは進歩がありません。ベビーステップに慣れたら、質問を投げかけ部下に考えさせることで、自発性を育てましょう。

答えが分からず動けなくなったとき、すぐに解決策を教えるのはＮＧ。質問を重ねたり、ヒントを出して、思考をサポートしてあげてください。

× 一方的に指示

○ 質問して考えさせる

上司の発見！

提案書を修正し終えた香取君。一生懸命取り組んだ様子だが、表情は冴えないまま……。意欲を引き出せていないのかな？

部下の気持ち

なんとかＯＫは出たけれど全然ほめてもらえない。やっぱり僕はダメ？

Step 3 フィードバックでやる気を引き出す

❖「認めて」「ほめて」エネルギーを補給する

「一生懸命取り組んでいるけれど表情が冴えない」

その原因は、ほめ言葉不足でしょう。できて当然だと思うことを、人はほめないもの。けれど、それでは部下が自分のやったことの良し悪しを判断できず、不安になります。フィードバックもなく、「今日はこれ」「次はこっちをやって」と指示ばかりされると、自発性は育ちません。「指示されないと動かない」パターンが延々と続いてしまうのです。

小さな課題でも、ひとつクリアするたびに「うまくいったね」「良くなった」と認めて、「ほめられエネルギー」を供給することが大切です。

「ありがとう」と感謝を伝えるのも効果的です

❖ほめ方を工夫して自己肯定感を高める

人は、ほめられると自己肯定感が高まります。すると自発性が高まり、指示されなくても積極的に取り組むようになるものです。

それには、ほめ方にも工夫が必要。独りよがりなほめ言葉、いつも同じほめ言葉では、相手に届きません。ほめ言葉を伝えるルール（20頁）を参考に、相手の反応を見ながら、いろいろな切り口でほめてみましょう。

✕ 大げさすぎる

いーじゃない！
君すごいよ!!
はっはっはっ
ほんと
すばらしい!!
しらー…
…

○ 変化に気づき、認める

うん
いい出来だね
用語説明が
加わって分かり
やすくなったよ！
うれしいな…
ガンバルぞ！

Step 4 振り返りで次のハードルを調整する

❖「どんな気持ち?」。上司と部下で仕事を振り返る

仕事が一段落ついたとき、ほめるのと同じくらい大切なことは、相手に「どんな気持ち?」と聞いてみることです。

「自分にできるか不安でしたが、今は達成感でいっぱいです」

「難しかったけど、次はもっとスムーズにやりたいと思います」

部下と一緒に仕事を振り返ることで、「次はこの仕事も任せよう」「もう少し説明を増したほうが良さそうだ」などと判断できます。

❖将来ビジョンを描きながら、次の目標を確認する

振り返りを行ったら、将来のビジョンを部下に示しましょう。

「これから、君には○○の役割を担ってほしい」

「そのために、次の案件でこの力を身につけてほしい」

すぐそこにある未来をイメージすることで、部下は次の目標に向けて気持ちを新たにできるのです。

「主体的に動いてほしい」と抽象的に指導するよりも、具体的な目標に向けて行動改善を促すほうが、意識の改善にも役立つでしょう。

目標を押しつけないで相手のコミットメントをとることが肝心ニャ

上司の気持ち

次回の提案書作成に意欲を見せてくれた香取君。事前準備や聞き取りのコツなど詳しく指導したいが、あまり時間を割けない。自分で改善点に気づいてもらう方法はないかな。

Step

5 「ベンチマーキング」で自分を客観視させる

❖「隣のあの人」を観察・分析させる

「○○先輩がどんな仕事の進め方をしているか、観察してみて」

自分の仕事の進め方を見直させるには、人の仕事ぶりを観察させる方法が良いでしょう。いわゆる「ベンチマーキング」ですね。

その際、「観察して」だけだと、経験の乏しい人には目の付けどころが分かりにくいもの。「顧客ヒアリングの手法」「プレゼン前の準備」など、注目すべきポイントを伝えておくと、意識的に観察できます。

適切な観察対象を推薦し、観察してほしい範囲を限定してあげれば、上手に学び取れるでしょう。

○人の仕事ぶりを観察させる

先輩を観察するゾ!
発見① 定期的に顧客情報をクリッピングしているゾ!
よし!
A社
B社
D社
B社
C社
発見② 分からないことは、すぐに質問しているなぁ
木村さん デバッグって どういう ことですか?
発見③ あんなに頻繁に報・連・相をしているのかぁ
課長 D社のプレゼン準備が終わりました
次は何をしましょうか?
発見④ う~ん…。積極的すぎるのも問題かもなぁ……
私なりに我が社の今期目標を組み立ててみました!
ここは役員会議の席だよ、君!
誰だキミは?
社長

❖優劣はつけない。共通点と相違点を分析させる

ベンチマーキングで重要なことは、「共通点」と「相違点」を比較、分析させること。とくに自己肯定感が低めの人には、優劣をつけて考えさせないよう配慮が必要です。

「あいつのほうがデキる」「デキない」と優劣をつけると、客観的に見られず、自己肯定感が下がってしまうからです。

❖他者との比較で自分の仕事をメタ認知させる

あらためて人の仕事ぶりを観察すると、視野が広がります。客観的に自分の仕事を振り返った部下が、自分で課題に気づくこともあるでしょう。

上司から指示された目標に比べ、自分の意思で取り組もうと決めた目標には前向きにトライできるもの。部下が自分でモチベーションを保ちながら、仕事に励めるよう、アシストしていきましょう。

モチベーションUP のポイント

やる気がないと決めつけない。
「できた！」と感じて自己肯定感が高まれば、人は積極的に動き出す。

□その人が自主的に動いていることを探す
□確実にクリアできる課題を与える
□理解に合わせて具体的に指示する
□できたら、そのつどほめる（認める）
□振り返りで相手の能力と気持ちをチェック
□任せることを徐々に増やす
□他人の仕事ぶりを観察・分析させる

Q 自信たっぷりだけど、結果が伴わない。実行力と持続力を高めるには？

俺にやらせればどんな大企業だって契約とってみせますよ！

部下 profile
田中ゲンタ（23歳）
不動産会社の営業部で研修中の新入社員。元気で人懐っこいが、やる気が空回りしがち。

上司 profile
岡田ヒロミチ（42歳）
営業部課長。田中君の上司であり、OJTの指導役を務める。

上司の悩み

結果を出していないのに、「あそこは俺が契約をとる」と豪語する田中君。お客様への粗相が心配だから仕事を任せられないのに、「仕事をさせてくれない」とぼやくばかりで態度は改善しない。どうしたら口先だけじゃなく行動してくれるのか……。

Step 1 やらせることで「実行力」をつける

実行力を身につけるには、実践が不可欠

「トラブルを起こすかもしれない」「顧客の前に出すのは早い」と二の足を踏んでいると、いつまでたっても成長できません。

みなさんも、たくさんの現場でさまざまなトラブルやハプニングにぶつかり、自ら解決に取り組んだ結果、実行力が身についたのではないでしょうか。大事な仕事を任せるのは確かに不安ですが、ここは思い切って仕事を任せましょう。

せっかくのやる気を削がないで

思い切って任せたのに失敗してしまうと、途中で仕事を引き上げたくなるかもしれません。自分でやったほうがスムーズなのにと、歯がゆい思いもするでしょう。しかし、やる気に燃えている人から仕事を取り上げると、せっかくの意欲をなくしてしまいます。

「心配だから、任せない」「失敗したから、取り上げる」ではなく、「無事に遂行できるように、サポートする」ことが肝要です。

役割を任される
ことで、姿勢が変わり、
行動が変わるのかも
しれませんね

❖とはいえ、目標設定は慎重に

どんどん経験を積ませよう——。そうはいっても、いきなり重要案件を任せるわけにはいきません。登山にたとえるなら、初心者がエベレストに登るのは無理があります。富士山でもまだまだ準備が足りない。まず日帰りでゆっくり登れる山から始め、徐々にレベルを上げるのが常道でしょう。

同じように仕事でも、本人の能力を考慮して、適切な課題に取り組ませるようにします。うまくいかなかった場合に、本人も会社も致命傷を負わない程度の目標設定が良いでしょう。

❖「シナリオプランニング」で暴走を防ぐ

目標を決めたら、仕事にかかる前に「シナリオプランニング」させることをおすすめします。

やる気の高い人の中には、都合の良いシナリオひとつしか考えていない無鉄砲が紛れています。そんな人は、「晴天」だけを想定して登山に行き、「雨が降ったとき」や「暴風雨になったとき」に準備不足で右往左往するようなもの。「ベストなシナリオ」「現実的な（中間の）シナリオ」「最悪の場合のシナリオ」、3パターンを想定させて、それぞれどう対応するか考えさせましょう。

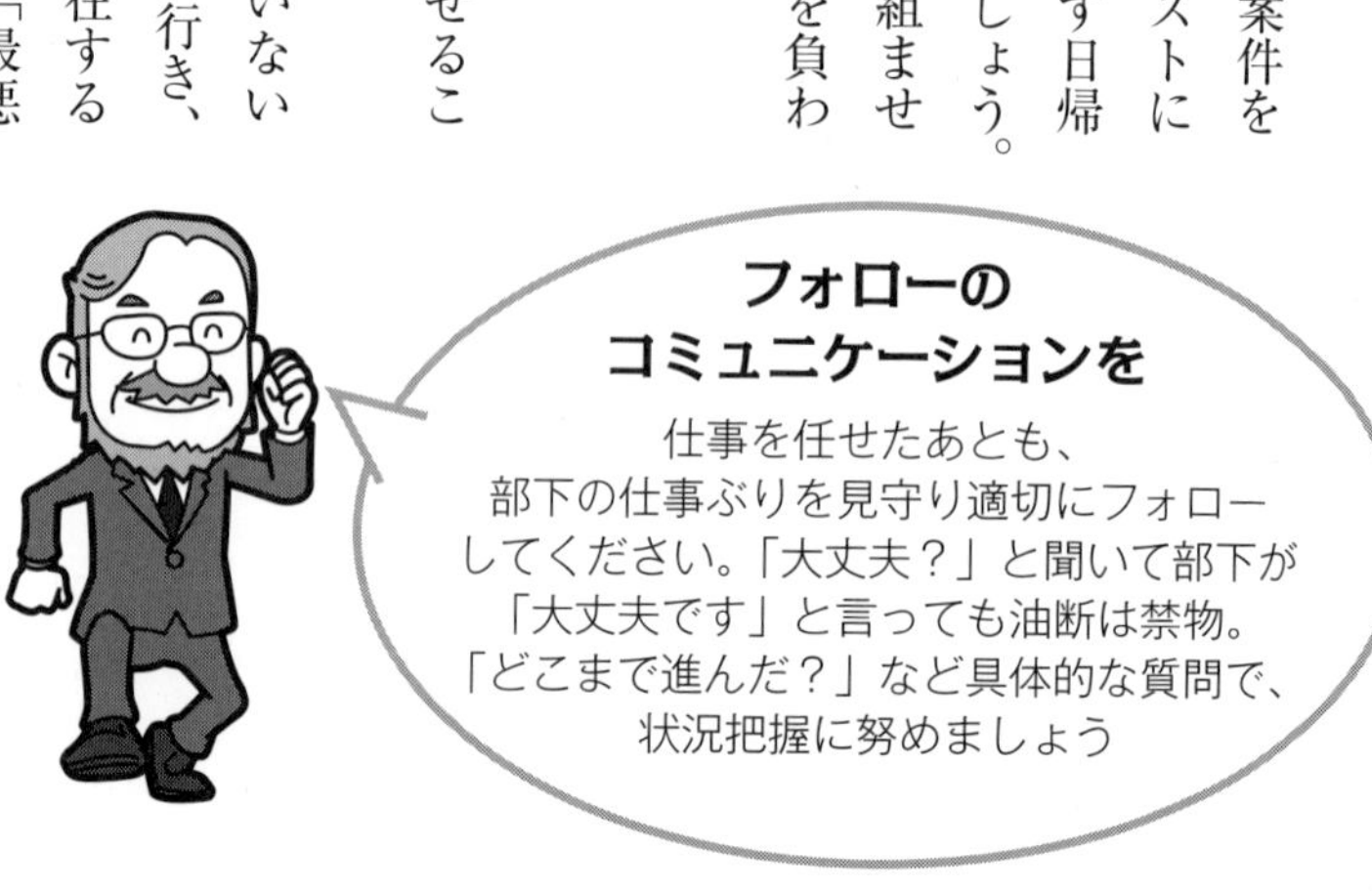
フォローの
コミュニケーションを
仕事を任せたあとも、
部下の仕事ぶりを見守り適切にフォロー
してください。「大丈夫？」と聞いて部下が
「大丈夫です」と言っても油断は禁物。
「どこまで進んだ？」など具体的な質問で、
状況把握に努めましょう

ときには伴走することも必要

もうひとつ大切なことは、困ったことがあったらすぐにサポートできる体制を整えたうえで、仕事を任せることです。

「これは失敗してもカバーできる」「これはフォローのために同行が必要」など、結果を予測して対策を講じる力が、上司にも欠かせません。

×丸投げして失敗を責める

よーし！六井商事に乗り込んでいっきに目標達成するぞ！
ま、いいか
なんでひとりで勝手なことするんだ！お前のせいで出入り禁止になったんだぞ!!

○サポートしてやらせる

よーし！六井商事に乗り込んでいっきに目標達成するぞ！
え!?
なんで部長がついてくるんですか!?
まぁまぁそれよりどうアプローチしようか？
大企業だ慎重にいこう

上司の発見！

営業活動をスタートしたものの、
なかなか契約には至らない田中君。
早くも自信を失い、やる気もダウン。
どうカツを入れるべきか……。

部下の気持ち

未だに成約が
ゼロなんて
もう辞めちゃ
おうかなぁ

Step 2 「レコーディングほめ」で盛り上げる

❖マンネリの日々をどう励ますか

仕事は、努力が結果で報われるとはかぎりません。成果が出るまでに、時間もかかります。成功体験のない状況で孤軍奮闘を続けるのは、誰だって苦しく、あきらめたくなるでしょう。

そんなときに厳しく注意されたら、余計に落ち込みます。反対に、やってきたことを認めてもらえたら、元気が出て「よし、頑張ろう」とチャレンジを続けられます。

結果の出ない日々こそ、ほめて励ますことで継続する力をカバーしてあげましょう。

常日頃からほめるところを探す

結果が出ていなくても、ほめることはたくさんあります。そもそも、日々の仕事の多くはプロセス。目に見える結果が出る機会は、そう多くありません。結果よりプロセスを見つめて、成長をひとつひとつほめてあげてください。

結果は誰が見ても一目瞭然ですが、プロセスは違います。どこに注目するか、どこをほめてどう励ますか、それは上司の腕にかかっているのです。

「着眼点」が増えるほど、ほめやすくなる

もし、成長を見つけられないとしたら、それは観察が不十分だからです。小さな変化を見逃さないで、成長に気づくためには、「着眼点」を増やしましょう。

たとえば営業なら、「電話対応」「アポイントのとり方」「商品説明の手法」「クロージングの方法」「フォローアップの仕方」など、仕事をいくつかの項目に分けます。さらに、それぞれの項目の要所を挙げていきます。

こうしたチェックポイントが「着眼点」。エクセルなどで、リスト化しておくと便利でしょう。着眼点が増えるほど、仕事ぶりを丁寧に観察することができ、細かな変化（事実）を認めてあげることができます。

長所を見つめる
「美点凝視」が
大切だニャ

❖記録をつければ、進歩が見つかる

部下自身に記録をつけさせることも重要です。営業日誌などで日々の記録を振り返ると、何件アポイントをとったか、どんな資料を作成したか、細かな事実を認めてあげることができます。

こうした指標のとり方が増えれば増えるほど、たくさんほめることができます。そして、部下が次に向かってやり続けるパワーになるのです。

○結果よりプロセスをきちんと見守る

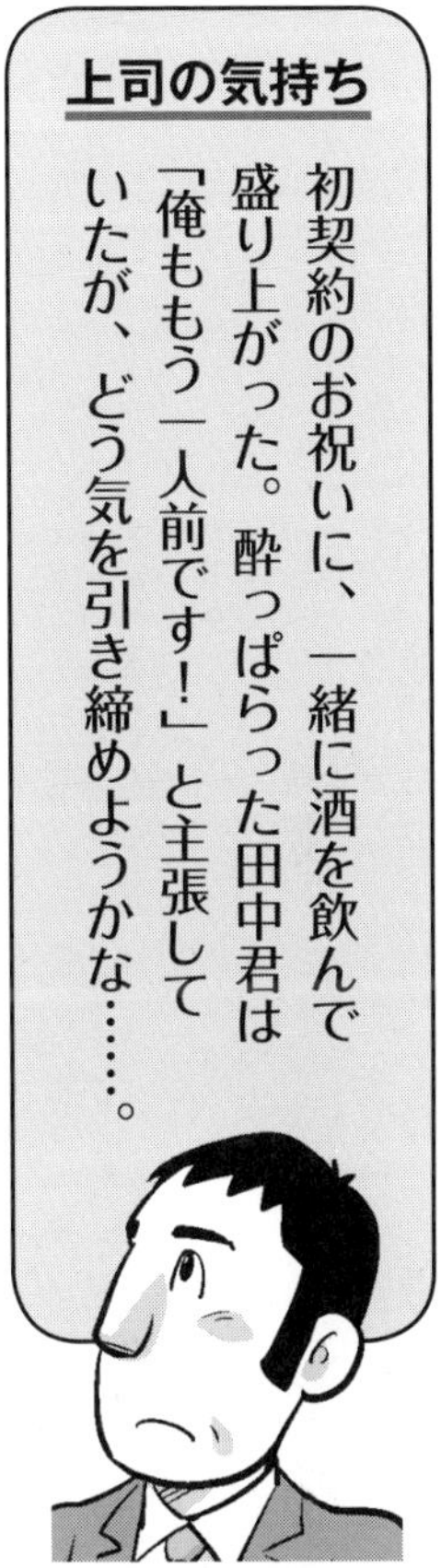
上司の気持ち
初契約のお祝いに、一緒に酒を飲んで
盛り上がった。酔っぱらった田中君は
「俺ももう一人前です!」と主張して
いたが、どう気を引き締めようかな……。

部下の気持ち
さすが俺天才!
次の契約も
サクッと
楽勝だぜ!

Step

3「続く…」で、ステップアップを促す

❖満足すると、成長がストップする

契約がとれて喜んでいるだけでは、そこで成長が止まってしまいます。人はいくらでも成長する可能性があります。現状に満足しないで、成功したらすかさず続きを示し、次につなげるようにしましょう。

「今回は契約まで１００日かかった」

「次回、契約までの期間を30日に短縮するとしたら、どうすればいいと思う?」

こんな風に、部下と一緒に振り返ります。失敗したときだけでなく、うまくいったときこそ、振り返りを忘れないでください。

この繰り返しで
一人前になって
いくんだニャ

○フィードバックで次の目標をたてる

よく
やったな
初契約
おめでとう!
「よかったね」で満足して終わりにしない
ところで
今日良かった
ところと改善
すべきところを
言ってみろ!
うーん…
いくつか
あるナァ
振り返りを促すフィードバック
よし分かった
なかなか
自己分析が
できてるじゃ
ないか!
!
成長したナ!
前より良くなったことは、すぐほめる
まだまだ
ところで
次の八菱物産は
どう攻めようか?
今回より
短期間で
成約したい
ので…
次の目標を考えさせる

❖フィードバックの基本は「グッド&ベター」

こうしたフィードバックをするときは、「どこがうまくいったのか」「次に改善するなら、どうしたらいいのか」という話し方をするのがポイントです。ポジティブな言葉で前向きな姿勢を後押ししましょう。

❖背伸びすれば届く「ストレッチ目標」をたてる

次回の目標をたてるときは、設定レベルがキーになります。

スキルを身につけてきた相手には、「ベビーステップ」（96頁参照）よりも「ストレッチ目標」がおすすめ。今のままでは達成できないけれど、背伸びすれば届くような目標が、成長を促します。部下の実力を正しく見極め、ちょうどいい目標に導いてあげましょう。

もしも目標設定がうまくいかず失敗したら、部下と一緒に振り返りをして、目標を再調整すればOKです。あまり構えすぎないで、上司もどんどん挑戦する姿勢を見せてあげてください。

フィードバックの
仕方は82頁でも
説明してるニャ

実行力・持続力UPのポイント

サポート体制を整えて、どんどんトライさせる。
認めて、ほめて、励まして、行動し続けるパワーを引き出そう。

- □動く前に、最悪のケース&代替案を考えさせる
- □結果（失敗）を予測し、サポート体制を整える
- □やる気を削がずに、どんどんやらせる
- □記録をつけさせる（営業日誌など）
- □結果が出なくてもプロセスをほめる（認める）
- □成功したら、すかさず次の目標をたてる

Q もっとリーダーシップを発揮してもらうにはどう指導したらいい？

お客様が入口にいらっしゃったらすぐに視線を向けること！
目の前のお客様に集中したほうが良くないですか？
……

新人スタッフ
倉田リーダーのもと、トレーニング中。

profile
部下
倉田メグミ（34歳）
シティホテルのフロントスタッフ。人当たりが良く、お客様からの評判は上々。

profile
上司
高橋ヨシヤ（45歳）
宿泊部門のマネージャー。ホテル愛にあふれ、温和な性格。スタッフからの信頼も厚い。

上司の悩み

倉田君には、若手指導を任せたいと思っているが、指導するのは苦手な様子。やさしすぎるせいか、後輩から言い返されると「それもそうだけど……」と歯切れが悪い。

もっとしっかりリーダーシップを発揮してほしいのだが……。

Step 1 リーダーシップのイメージをすり合わせる

言葉だけの議論だとかみ合わない

「俺の言うことを聞けタイプの専制型」
「みんなで話し合おうタイプの協調型」

一言でリーダーシップといっても、その中身は多彩です。自分が思うリーダーシップと、相手が思うリーダーシップが異なることも大いにあります。すると、「リーダーシップを発揮してほしい」といくら言っても全然かみ合わない、ということになります。

誰もが知る人物を教材に

まずは、相手がリーダーシップについてどんなイメージをもっているのか聞いてみましょう。サッカー選手なら本田圭佑なのか、長谷部誠なのか。文化人でも歴史上の人物でも、具体的な人を教材にして、互いのリーダーイメージをすり合わせることが大切です。

リーダー像がズレていることも

民主的リーダー　　支配的リーダー

上司の発見！

指導に熱が入りすぎ、新人スタッフと摩擦が起きている。倉田リーダーと新人スタッフの関係がギスギスしたものに。

リーダーの気持ち

後輩指導なんて、わたしには向いていない……

Step 2 複数の部下をつけ、指導させる

❖マンツーマンだと相性が強調される

初めて後輩の面倒を見たり、ＯＪＴなどで指導するときは、1対1でスタートすることが多いかもしれません。けれど、1対1だと相性の問題が悪目立ちしがち。そんなときは、2人以上の部下をつけることをおすすめします。

相手が複数いると、いろいろなタイプ（能力）の後輩がいること、同じ指導方法でも伝わるケースと伝わらないケースがあることを、頭で理解する以上に、実感できます。2～3人をまとめて指導すると、相手との距離感も保たれ、客観的に指導しやすくなるでしょう。

ミーティングはグループコーチングで

いきなり複数の部下を指導するなんて、ひとりに比べて手間がかかる気がするかもしれません。が、人数が増えても、手間が単純に2倍3倍にふくらむことはありません。

たとえば、ミーティングのときは、グループコーチングでまとめて指導すれば、かかる時間はそれほど変わりません。さらに、それぞれ自分以外の人の課題や解決過程を目の当たりにする分、経験値もアップします。

部下の持ち味をつかむ

数人をまとめて指導するには、それぞれの持ち味をしっかり把握しておくことが欠かせません。全員をくまなく観察して、フィードバックをするために、「プラスリスト」を活用すると良いでしょう。

プラスリストとは、下のように、それぞれの長所、最近の成長、能力開発目標を整理した表。1週間ごと、ひと月ごとなど、自分でサイクルを決めて、書き込んでください。エクセルで簡単にフォーマットを作っておくと便利です。

「プラスリスト」で一人ひとりに目を配る

	長所 その人の特長や持ち味など。	**最近の成長** 前と比べて進歩したことなど。	**能力開発目標** どうあるべきか、改善すべきポイントなど。
Aさん			
Bさん			
Cさん			

ぼんやりと観察するだけでは、気づいたことを相手に伝える前に忘れてしまいます。プラスリストに記録していくことで、変化を見逃すことなく、細かな成長に気づくことができます。

「もっとこうなってほしい」と、部下の成長を願うあまり、長所よりも改善点ばかりが目につくこともあるかもしれません。

そんなときこそ、「美点凝視」。真剣に相手の強みや長所を探す姿勢が上司に求められるのです。

「タイプも指導法も人それぞれ」と体感できる

上司の発見！

最近、新人スタッフの仕事ぶりが気になり、何度か直接注意をした。それ以降、倉田リーダーが落ち込んでいて指導意欲をなくしている気がする……。

Step 3 「リーダー」に「直接」状況を聴く

リーダーの気持ち

わたしの
指導不足のせい。
わたしなんて
邪魔なだけ……

❖頭越し外交はNG

「たまに飲み会で話を聞く」程度なら問題ありませんが、ふだんからリーダーを差し置いて、スタッフに話を聞いたり指導したりしていると、リーダーの立場がなくなってしまいます。「自分の指導力がないから、上司が介入している」と自信をなくしてしまうことも。

さらに、リーダーの直接の部下であるスタッフたちも、「リーダーの指示」と「その上の上司の指示」に挟まれ、混乱してしまいます。

リーダーの頭越しにスタッフに指導・指示を出すのは、控えたほうが賢明でしょう。

リーダーが、
スタッフからの信用を
失ってしまうことも
あるのです

×リーダーを飛び越して、直接指導する

お客さまがいらっしゃったらお荷物を運んであげてね!!
ヨイショ!
何してる! あちらのお客様にすぐ応対して!!
エー!?
クドクド
まったく自分の仕事も分かってないでやってるのか!?
リーダーの言う通りにやったのに…
ネチネチ
あ〜… リーダー失格だわ!
ちゃんと聞いてるのか
プー
ズーン

上司に不信感をもち、指導する自信も失うニャ

❖「いいところ」「成長したところ」を聴く

スタッフの状況を把握したいときは、かならずリーダー経由で話を聴くようにします。その際は、「○○さんは、どこが成長した?」など、プラス面を引き出すように聴くのがコツ。ポジティブな話からスタートすることで、リーダーも建設的に話すことができます。

「○○さんは、ここがイマイチ」など課題の話になったら、解決策を一方

的に指示するのではなく、リーダーに質問することでアイデアを引き出しましょう。

リーダーの指導力をアップさせることで、間接的にスタッフの指導をすることができます。

◯リーダー経由で指導する

倉田さん ちょっといい？
はい？
かならずリーダーから話を聴く
最近のBさんはどう？
ずいぶん動きも良くなったと思うけど…
いいところを質問するようにして、状況を把握する
ですよね… 仕事も覚えてきてますし…
ただ 優先順位がまだつけられなくて…
そうか！ 君ならどう優先順位を判断するの？
わたし？ そうですねー
リーダーに考えさせる質問で、指導力を上げる

上司の気持ち

新人スタッフのひとりが休みがちに。
倉田リーダーは「自分のせいだ」と
落ち込んでしまっている。
ほめることも、叱ることもできないなぁ。

リーダーの気持ち

思いが
伝わらなくて
残念。うまく
いかないなぁ

Step 4 気持ちを受け入れて、明るく送り出す

❖落ち込んでいる人の心に寄り添う

反省し、落ち込んでいる相手に対し、やみくもに「落ち込むなよ」「頑張ろう」と声をかけるのは性急です。まずは、「残念だね」「心配だよね」と相手の心情に寄り添いましょう。十分に話を聴き、気持ちを受け止めることが大事。胸のつかえがとれれば、客観的に考える余裕も生まれます。

落ち着きを取り戻したら、次のステップ。「指導して、どうだった？」と一緒に振り返りましょう。「○○な点は成長できた」と建設的に評価して、チャレンジして良かったと感じさせてあげてください。それが、次のチャレンジへのモチベーションになります。

相手に寄り添い
一緒に取り組む
「レッツ」の姿勢が
大事だニャ

❖ポジティブな言葉で、明るい未来を感じさせる

「Bさんが元気を取り戻すために、君ができるのはどんなことかな?」。上司がポジティブ思考になれば、部下も前向きに考えられます。

「君にコーチされた後輩たちの活躍が、楽しみだ」

「次の新人さんはどんな人なのか、期待がふくらむね」

明るい未来をイメージさせるメッセージで、相手の気持ちを盛り上げ、エールを送りましょう。

4月からの新人3人もよろしく頼むよ!
次はどんなリーダーシップを心がけようか?
課題は『包容力』です! 頑張ります!!

リーダーシップ力UPのポイント

複数の部下を指導させることで、経験値が上がり視野が広がる。一歩引いたスタンスから支援しよう。

- □理想のリーダー像を共有する
- □複数の部下をつけて、指導させる
- □プラスリストを作成させる
- □リーダーを差し置いて直接指導しない
- □リーダーから直接状況と気持ちを聴く
- □リーダーに質問して指導法を考えさせる
- □リーダーの気持ちに寄り添う

そのイライラが指導ミスの元凶！

「怒り」を制御するコツ

怒りをむき出しにぶつけると、うまくいきません。一方、怒りを溜め込むと、些細なきっかけで爆発したり、内側に向かって自分を傷つけます。そうなる前に怒りを制御するコツを身につけましょう。

チェック 次の設問を読んで、あてはまるものがいくつあるか数えてみましょう

「ムカつく」という言葉をよく使う	□
ストレス解消法はとくにない	□
誰かにムシャクシャすると「死ね！」と思う	□
行列に並んで待つのは嫌いだ	□
思い通りにいかないとリセットしたくなる	□
「サイテー（最低）」という言葉をよく使う	□
スナック菓子やコンビニ弁当をよく食べる	□
この世は不公平だ	□
寝不足、または体調不良である	□
自分のレジだけ進まないと腹がたつ	□

0個
あまりイライラしないタイプ。

1～3個
イライラ度は中程度。自分なりのリラックス方法を見つけておくと安心。

4個以上
怒りっぽいタイプ。叱る前にまずは息を吐いて。イライラを抑える対策を（左頁）。

イライラをセーブするトレーニング

イラッとしたら

1分間だけひとりの世界にこもる

部屋、トイレ、車の中、ヘッドホンを装着するなど、外界から遮断された空間で1分間ひとりになる。自分の気持ちを振り返ることでクールダウン。

イラッとしたら

「カーッ」となったら「フー」

イライラしたら、目を閉じてゆっくり深く息を吐く。怒りの対象物からの刺激がブロックされて、身体も心も緊張から解放される。

Column

女子会、スポーツ観戦……笑いと涙で共感欲求を満たそう

怒りやストレスの解消には、飲み会や女子会が効果的。誰かと共感し合うことで、心が癒されます。ほかに、スポーツ観戦で大声を出す、お笑いや演劇、映画などで笑ったり涙を流したりするのも、溜まっていた感情を解放してスッキリする効果があります。

参考文献

『クイズで学ぶコーチング』本間正人著(日本経済新聞社)

『〔決定版〕ほめ言葉ハンドブック』本間正人、祐川京子著(PHP研究所)

『「コドモみたいなオトナ」とのつき合い方』本間正人、高原恵子著(中経出版)

『叱らなくても部下の心をつかむ方法』本間正人著(フォレスト出版)

『速効！ SEのための部下と後輩を育てる20のテクニック』田中淳子著(日経BP社)

『人間関係がカイゼンする　ほめ方 叱り方 盛り上げ方200』本間正人著（KKロングセラーズ)

『人を育てる「叱り」の技術』本間正人著(ダイヤモンド社)

本間正人（ほんま　まさと）

京都造形芸術大学教授、NPO 学習学協会代表理事、NPO ハロードリーム実行委員会理事。
1959 年東京生まれ。東京大学文学部卒業。松下政経塾にて、松下幸之助の経営哲学を学ぶ。ミネソタ大学大学院修了（成人教育学博士 Ph.D.）。ミネソタ州政府貿易局日本室長、松下政経塾研究部門責任者、NHK 教育テレビ『3 ヵ月トピック英会話』講師（2012 年）などを歴任。教育学を超える「学習学」の提唱者として、コーチングやファシリテーション、キャリア教育、グローバル人材育成など、幅広いテーマで活動を展開している。著書は、『ほめ言葉ハンドブック』（共著・PHP 研究所）、『コーチング入門』『セルフコーチング入門』（共著、日経文庫）、『忙しさを上手に手放す思考術』（クロスメディア・パブリッシング）など多数。
http://www.learnology.co.jp/

装幀　石川直美（カメガイ デザイン オフィス）
装画　弘兼憲史
イラスト・漫画　立石タツアキ
本文デザイン　バラスタジオ（高橋秀明）
校正　滄流社
編集協力　オフィス 201（小川ましろ、髙野恵子）
編集　鈴木恵美（幻冬舎）

知識ゼロからのほめ方&叱り方

2014 年 12 月 10 日　第 1 刷発行

著　者　本間正人
発行人　見城 徹
編集人　福島広司

発行所　株式会社　幻冬舎
〒 151-0051　東京都渋谷区千駄ヶ谷 4-9-7
電話　03-5411-6211（編集）　03-5411-6222（営業）
振替　00120-8-767643
印刷・製本所　株式会社 光邦

検印廃止

ISBN978-4-344-90289-3 C2095
Printed in Japan
幻冬舎ホームページアドレス　http://www.gentosha.co.jp/
この本に関するご意見・ご感想をメールでお寄せいただく場合は、comment@gentosha.co.jp まで。

芽がでるシリーズ

知識ゼロからの簿記・経理入門

弘兼憲史　定価（本体1300円+税）

ビジネスマンの基本は何か？ 数字なり。本書は経理マン以外の人にも平易に、効率的に会社や取引の全体像がつかめる一冊。資産・負債・資本の仕訳、費用・収益の仕訳をマンガで丁寧に説明。

知識ゼロからの決算書の読み方

弘兼憲史　定価（本体1300円+税）

貸借対照表、損益計算書、キャッシュ・フロー計算書が読めれば、仕事の幅はもっと広がる！ 難しい数字が、手にとるように理解できる入門書。会社の真実がわかる、ビジネスマンの最終兵器！

知識ゼロからの部下指導術

弘兼憲史　定価（本体1300円+税）

組織をまとめ、目標を達成するために、どこを評価し、どこを叱るべきか。コーチングの基本から人事評価、労働基準法まで、初めてチームリーダーになる人、必読の人材育成&管理の入門書。

知識ゼロからのいい会社、悪い会社の見分け方

月舘堅　定価（本体1300円+税）

その会社と、取引しても大丈夫か。実地調査、登記簿・決算書チェック、支払状況、手形……大量倒産時代に、「経営状況を見る眼」を養うために必要なノウハウを満載した与信管理の入門書。

知識ゼロからのビジネス統計学入門

豊田裕貴　定価（本体1300円+税）

売れる日、売れない日の違いは？ 男女、天気、値上げ・値下げは、どのくらい売上げに影響する？ 店舗ごとのばらつきをどう修正する？ ビジネスデータを分析すれば、答えは自ずと出てくる！

知識ゼロからの経営分析入門

足立武志　定価（本体1300円+税）

決算書の読み込み、業績変化の把握、ライバル企業との比較……正しい分析ができれば、会社が進むべき道を導き出せる。会計・経営の基本を網羅する入門書。コジマVSヤマダ電機の実例分析付き。